한세희의

SSAT®
VERBAL

한세희 (SSATKOREA 대표) 지음

SSATKOREA.COM

탑보딩 진학의 원스톱 솔루션
PrepMaster.co.kr

한세희의

SSAT® VERBAL

한세희 (SSATKOREA 대표) 지음

SSATKOREA.COM

한세희의

SSAT® VERBAL

한세희 (SSATKOREA 대표) 지음

SSATKOREA.COM

탑보딩 진학의 원스톱 솔루션
PrepMaster.co.kr

*Memorizing vocabulary alone won't get you a high score on the SSAT Verbal
section. This test asks more of you—it tests how you think, how you connect ideas,
and how you understand words in real, meaningful context.
That's why I didn't create just another word list.*

*This book was built on years of working closely with students who faced setbacks,
found breakthroughs, and kept moving forward. It's designed to sharpen your
instincts, strengthen your logic, and reveal the patterns behind the questions.
More than a study tool, I hope this book becomes your companion, your coach,
and a quiet reminder that you're not alone in this journey.*

*At the end of this book, you'll find a special section called the Knowledge Vault.
I included it because I believe this is the perfect time in your life to build a
foundation of cultural understanding. From Greek and Roman mythology to
ecology, astronomy, human anatomy, and key people and stories from the Bible,
this section offers the background knowledge you'll need to fully appreciate the
classic English texts often referenced in SSAT. This isn't just about test prep—it's
about expanding your mind and deepening the way you see the world.*

*May the glory of God be with you on every path you take.
To Him be all the glory.*

Sehee Han.

한세희의

SSAT®
VERBAL

한세희 (SSATKOREA 대표) 지음

SSATKOREA.COM

CONTENTS

CONTENTS

ACCEPTANCE
STORIES

보딩 합격 수기

Phillips Exeter Academy

조 재 현

우리 가족은 7학년 아들을 주니어 보딩에 보내는 것을 한 번도 고려해 본 적이 없었습니다. 그러나 아버지께서 주위 분들에게 보딩스쿨 출신들의 성공담과 추천을 들으신 후, 처음으로 이 길을 고민하게 되었습니다. 시험과 지원 에세이, 인터뷰까지 모든 과정이 순식간에 지나갔고, 저는 여러 주니어 보딩스쿨에서 합격 통지를 받았습니다. 하지만 정작 저는 이 길이 저에게 맞는지 확신이 서지 않았습니다. 부모님은 많이 걱정되셨을 텐데도 늘 저를 부드럽게 응원해 주셨고, 새로운 도전을 해보라고 격려해 주셨습니다. 결국 부모님의 지지 덕분에, 저는 미국 최고의 주니어 보딩스쿨 중 하나로 손꼽히는 페센든(Fessenden)에 7학년으로 입학하게 되었습니다.

캠퍼스에 도착한 순간, 페센든에 오기로 한 결정이 제 인생에서 가장 잘한 선택 중 하나라는 것을 깨달았습니다. 뛰어난 학업 환경은 저를 더욱 성장시켜 주었고, 스포츠팀 활동을 통해 새로운 종목을 경험하며 팀워크와 도전 정신을 배울 수 있었습니다. 기숙사 생활을 하면서 독립심을 기르고, 친구들과 함께 잊을 수 없는 추억을 만들었습니다. 하지만 또 한 번 새로운 도전이 다가왔습니다. 바로 고등학교 입학이었습니다.

여름방학 동안 저는 다양한 학교를 조사하며 입학 과정을 알아보았습니다. 전반적인 절차는 주니어 보딩스쿨 지원 과정과 비슷했지만, 한 가지 커다란 장애물이 있었습니다. SSAT. 주변 선배들의 추천을 받아 한세희 선생님의 수업을 듣기 시작했습니다. 미국에서 공부한 경험이 있었기에 SSAT가 그다지 어렵지 않을 것으로 생각했지만, 첫 시험 결과는 제 예상을 완전히 빗나갔습니다. 전체 점수 30%. 예상 밖의 낮은 점수에 충격을 받았고, SSAT 공부에 대한 의욕도 점점 떨어졌습니다. 매일 수업이 끝난 후 성적을 확인할 때마다 실망감이 커졌고, 포기하고 싶다는 생각도 들었습니다.

그러나 한세희 선생님을 비롯한 선생님들의 꾸준한 격려 덕분에 저는 포기하지 않고 계속 노력할 수 있었습니다. 함께 공부하는 친구들도 서로를 응원하며 끝까지 도전할 힘이 되어 주었습니다. 몇 주간의 꾸준한 노력 끝에 점수는 오르기 시작했고, 결국 첫 시험에서 만점을 받는 성과를 거두었습니다.

SSAT 공부는 시험 점수만을 위한 것이 아니었습니다. 여름이 끝나고 새 학기가 시작되자, SSAT를 통해 익힌 고급 어휘와 독해 능력 덕분에 학교 영어 수업에서 글을 더 쉽게 이해할 수 있었고, 글쓰기 실력 또한 향상되었습니다. 특히, 고등학교 지원 에세이를 작성할 때 SSAT에서 배운 표현들이 큰 도움이 되었습니다. 마침내 저는 엑시터(Exeter)와 앤도버(Andover)를 포함한 여러 명문 보딩스쿨에서 합격 통지를 받았습니다. 그리고 엑시터로 다음 스텝을 결정했습니다. 엑시터는 학업적으로 매우 도전적인 환경을 제공할 것으로 생각하지만, 페센든에서 배운 독립심과 우정, 그리고 한세희 선생님과 함께했던 값진 성장의 시간이 고등학교에서도 큰 힘이 되어 줄 것이라 믿기에, 저는 새로운 여정을 향한 준비가 되어 있습니다.

Choate Rosemary Hall

이 원 석

올가을, 저는 꿈에 그리던 Choate Rosemary Hall에 10학년으로 입학합니다. 지난 4년 동안 Rumsey Hall에서 많은 것을 배웠지만, 제 학업과 입시 과정에서 결정적인 전환점을 만든 것은 한세희 선생님의 SSAT 수업이었습니다. 처음 SSAT를 시작했을 때, 제 점수는 28%에 불과했습니다.

미국에서 공부한 경험이 있었기에 SSAT가 그다지 어렵지 않을 것으로 생각했지만, 첫 시험 결과는 제 예상을 완전히 빗나갔습니다. 낮은 점수는 스스로 실망스러웠고, 공부에 대한 의욕도 점점 떨어졌습니다. 하지만, 그때 한세희 선생님의 SSAT 수업을 듣게 되면서 제 태도와 공부 방식이 완전히 바뀌었습니다.

한세희 선생님의 수업은 단순한 문제 풀이가 아니라, 논리적인 사고력과 전략적인 접근법을 가르치는 과정이었습니다. 특히, 선생님은 SSAT를 위한 공부가 아니라, 실력을 키운다는 마음가짐으로 접근하라고 강조하셨습니다. 덕분에 단순 암기식 학습이 아니라, 장기적으로 도움이 되는 학습법을 익히게 되었습니다. 이러한 변화 덕분에 제 점수는 점진적으로 상승하기 시작했고, 결국 두 번째 시험에서는 목표 점수를 기록하며 더 편안한 마음으로 입시를 준비할 수 있었습니다. 만약 한세희 선생님의 SSAT 수업이 아니라면, 저는 이 과정을 끝까지 해낼 수 없었을지도 모릅니다. 선생님의 체계적인 지도와 끊임없는 격려 덕분에 저는 포기하지 않고 끝까지 노력할 수 있었습니다.

한세희 선생님의 SSAT 수업이 제 학업적인 성장을 이끌었다면, Rumsey Hall에서의 공동체 생활은 제 인성을 성장시키는 중요한 요소가 되었습니다. 주니어 보딩스쿨이나 국제학교는 단순한 학업 공간이 아니라, 즐거운 순간과 도전, 그리고 때로는 스트레스를 함께 겪으며 성장하는 작은 사회입니다. 저는 이 공동체에서 주인의식을 가지고 작은 것부터 실천하는 태도가 얼마나 중요한지 배웠습니다. 예를 들어, 학교에서 개선할 부분을 발견했을 때 의견을 제시하거나, 친구들에게 긍정적인 영향을 주는 것, 그리고 평소 학교를 위해 묵묵히 일하는 분들께 감사의 마음을 표현하는 작은 행동들이 그렇습니다. 이러한 행동들은 단순히 타인을 도울 뿐만 아니라, 결국 저에게도 큰 도움이 되었습니다. 커뮤니티에 대한 책임감으로 헌신하는 저의 태도는 전교 회장과 같은 리더십 포지션으로 이어졌고, 친구들과 선생님들에게서 신뢰와 존경을 얻을 수 있었습니다. 그리고 이러한 과정들은 입시에서도 강력한 강점이 되었습니다.

이 모든 보딩 지원 과정에서 저는 한 가지 확실한 교훈을 얻었습니다. 모든 행동은 마음가짐에서 시작된다는 것입니다. 겸손하고, 긍정적인 태도를 유지하면서 성실하게 노력한다면, 반드시 원하는 결과를 얻을 수 있습니다. 단순히 점수를 올리는 것이 목표가 아니라, 자신을 성장시키는 과정으로 받아들인다면, 결과는 자연스럽게 따라옵니다. 여러분, 끝까지 파이팅!!

St. Paul's School

조 민 지

Dear 꿈을 가지신 후배들!

저는 어릴 때부터 유학을 가고 싶었지만 여러 가지 이유로 계속 미루다가 결국 주니어 보딩스쿨로 유학 생활을 시작했습니다. 대청중학교를 잠시 다니고 중1 때 보딩스쿨, 정확히 말하면 St. Paul's School을 목표로 주니어 보딩에 지원했습니다. 그래서 올해 경험한 보딩스쿨 지원 과정은 저에게는 몇 년째 기다리고 준비했던 일이었습니다. 갑작스럽고 당황스러운 일은 아니었지만, 그것과는 상관없이 정말 힘들었습니다. 이제 저는 모든 게 끝났지만, 제 이야기가 많은 도움은 못 되더라도 어떤 것들이 후배들의 미래에 기다리고 있는지 미리 알고 시작하면 막상 닥쳤을 때 좀 더 수월하지 않을까 하는 마음에서 이 글을 씁니다.

먼저 시험공부 얘기부터 하자면, 입학에 중요하게 여겨지는 시험인 SSAT와 TOEFL은 사실 덜 중요한 부분입니다. 지원 과정에서 그 부분은 합격 여부에 커다란 영향을 주지 않습니다.

저는, TOEFL은 특별히 학원에 다닐 필요가 없는 것 같아서 일단 서점에 가서 문제집을 한 세트 샀습니다. 시험 직전엔 틀린 것들을 다시 안 틀리게 살펴 보고 유형 정리만 조금 했더니 어렵진 않더군요. 7학년 봄에 105점 나오고 잠시 잊고 있다가 8학년 봄에 한 번 더 봤더니 111점 나와서 미리 끝냈습니다.

그리고 지난번 여름에는 한세희 선생님과 SSAT를 처음 시작했습니다. 두 달 동안 열심히 공부했는데, 물론 수업도 중요하지만 결국 자기 관리가 가장 중요하다는 것을 느꼈습니다. 단어를 워낙 못하는 상태에서 시작한 것이라 제 목표는 항상 '단어 시험은 다 맞는 것'입니다. 선생님의 조언에 따라 온갖 방법을 다 써봤지요. 일단 책에 있는 것들을 노트 속에 다시 정리합니다. 그리고 방을 이리저리 돌아다니며 쓴 것을 몇 번씩 읽었어요. 그렇게 하면 졸리지도 않고 귀에도 쏙쏙 들어옵니다.

단어를 외우기 시작하다 보면 자신에게 가장 맞는 방법을 터득하겠죠. 예를 들어 저는 시각적 암기가 가장 쉬우므로 정리해 놓은 노트를 끊임없이 보고 다시 써보고 이런 것이 도움이 되었습니다. 꼭 자신의 암기 방법을 터득하도록 하세요. 그리고 절대 잠 안 자고 단어 외울 생각은 하지 마세요. 제가 사정이 있어서 밤늦게까지 단어를 겨우겨우 외우고 갔더니 막상 시험 볼 때는 하나도 생각나지 않아서 고생했습니다. 그전에는 어른들이 말하는 '잠이 제일 중요하다.' 이런 말 절대 안 믿었는데, 그땐 뼈저리게 느꼈습니다. 열심히 하되 생활 균형도 유지하고 분량 나눠 효율적으로 공부해야 합니다.

처음엔 한세희 선생님이 내주시는 단어를 다 외우려면 적어도 두 시간은 걸렸는데 여러 가지 방법으로 반복하다 보니 어휘도 늘고 걸리는 시간이 점점 줄어들더라고요. Writing은 선생님이 골라주신 많이 나온다는 토픽들을 무작위로 골라서 많이 써봤습니다. 실제 시험에 나온 Writing 토픽이 연습해 본 것과 거의 똑같이 나와서 완전 술술 잘 썼어요. 시험 보기 직전에 예전 연습으로 써놨던 에세이를 쭉 훑어봤는데 도움이 되더라고요. 또 기억해야 할 것은 여름방학 끝나고 미국에 갔을 때(저처럼 미국에서 학교에 다닌다면) 노트 필기했던 것 들고 가서 틈틈이 봐야 합니다. 노트를 책상에 항상 펴놓고 지나칠 때마다 봐서 하루에 두 개씩만 훑어봐도 한 달이면 다 보는 거잖아요. 저는 첫 시험에서 98% 받고 끝냈는데요. 그게 가장 편한 것 같아요. 미리 끝내고 더 중요한 다른 것들에 집중할 수 있으니까, 1월까지 시험을 볼 수는 있지만 되도록 11월까지는 SSAT를 끝내세요.

학교에 지원하는 학생들은 대부분 비슷한 수준이므로 SSAT 점수로는 합격 · 불합격의 변별력이 사실 없어요. 한국처럼 점수에 따라 커트라인이 있는 것이 아니라, 학교에서 자기 학교와 맞을만한 학생들을 뽑는 것이기 때문에 점수는 기본적으로 받아 놓고, 자신의 개성과 특별한 재능으로 학교에 어필해야 합니다.

저는 학교 밖에서 쌓은 스펙은 특별히 없는데, 학교 안에서 굉장히 활발히 활동하는 편입니다. 미술을 잘 하지는 않지만, 나름 아이디어는 많아서 매년 나오는 학교 책갈피, 학교 문집 이런 것들을 디자인했거든요. 그 것과 visual art 시간에 한 작품들이랑 그냥 재미로 그린 것 중에 괜찮은 것을 골라서 포트폴리오를 만들었죠. 한 가지 팁을 드리면 제가 알게 된 Choate 선생님께서는 원서를 낼 때 포트폴리오는 이메일에 파일을 첨부하는 것도 괜찮지만 유튜브에 비디오로 올리거나 웹사이트를 만들어서 링크를 주는 게 가장 보기도 쉽고 편하다고 하더군요. 유튜브는 무료로 쉽게 할 수 있어서 그림들과 그 설명이 간단히 적힌 비디오를 만들어 링크를 복사해 보냈습니다. 학교 밖 미술 경연 대회에서 상을 타거나 이런 것도 좋지만 이렇게 학교에서 작업한 것들과 미술 선생님 추천서까지 잘 받으면 이게 더 효과적인 것 같아요.

악기는 플루트를 하는데 녹음실 빌려서 녹음하는 것은 너무 번거로울 것 같아서 학교 밴드 멤버인 것 말고 뭘 쓸 수 있을까 하다가 Western Massachusetts Junior Band 오디션을 한다길래 그거 봐서 통과한 것을 썼습니다. 그런 오디션 합격한 것 같은 기록은 실력의 보증표 같은 것이라서 도움이 됩니다. 인터뷰는 평소에 학교에서 활발한 편이라면 걱정하지 않으셔도 됩니다. 저는 학교에서 겪은 많은 일들을 인터뷰할 때 재미있게 이야기처럼 선생님들께 했더니, 좋은 인상을 주더라고요. 그렇게 인터뷰하면 즐거운 대화로 한 시간 금방 갑니다. 인터뷰할 때는 그냥 마음을 편하게, 솔직하게 말하는 것이 좋습니다. 일부러 잘 보이려고 하면, 그 선생님들이 얼마나 많은 학생과 인터뷰하는데 당연히 바로 눈치채죠. 인터뷰 때 반응이 좋았던 선생님들이 나중에 카드도 보내주고, 이메일도 계속 주고받게 되고 그러더라고요.

경험에서 나온 몇 가지 조언을 하면, 전 유학원 도움 없이 혼자 준비하느라 에세이를 12월 겨울방학 때 한꺼번에 써서 정말 너무너무 고생을 많이 했는데, 가능한 11월 Thanksgiving 방학 때까지 반 정도는 해놓으시는 것이 좋아요. Revise도 최대한 많이 하는 게 좋으니까 미리 써놓으면 맘 편하겠죠.

마지막으로, '학교생활 열심히 하셔야 결과가 좋습니다!' GPA와 추천서가 정말 중요하거든요. 저는 이제 드림스쿨인 St. Paul's 갈 것 같은데요. 목표했던 학교도 합격했고 다른 여러 좋은 학교에서도 합격 소식을 받아 어디를 갈지 행복한 고민도 하게 되었답니다. 그동안 고생했던 것들이 모두 기쁨으로 돌아와서 너무 좋습니다. 한세희 선생님! 공부 제대로 하게 해주시고 늘 격려로 끝까지 포기하지 않게 해주셔서 너무 감사드립니다. 사랑하는 부모님과 모든 어려움을 함께 이겨냈던 우리 반 친구들도 정말 고맙네요. 후배들 파이팅!!!!!!

Phillips Academy - Andover

유예진

저는 주니어 보딩인 렉토리를 졸업하고 앤도버에 재학 중인 유예진입니다. 유학원 없이 혼자 고등학교에 지원할 때 무엇을 해야 할지도 모르고 운동도 잘하지 못해서 막막했지만, 하나하나씩 해결하면 되더라고요.

먼저 여름방학 끝날 때쯤, 여러 학교에 전화하여 인터뷰를 각각 예약했습니다. 학교 인터뷰에서는 그 학교에 정말 꼭 붙고 싶어 저의 열정을 다 보여주기 위해 노력했고, 인터뷰 전날 그 학교의 모토처럼 general 한 이미지와 자세한 프로그램에 대한 정보를 바탕으로 물어보았습니다. 어렸을 때부터 해온 봉사활동과 미술 작품들을 동영상으로 만들어 학교에 유튜브 링크를 보냈습니다. 운동에는 소질이 없었기 때문에 그냥 즐기며 참여에 의의를 두고 그밖에는 성적으로 채울 수 있도록 노력했습니다.

사실 맨 처음 한세희 선생님 클래스에서 모의고사를 봤을 때 40%대가 나와서 참 막막했었습니다. 이 많은 단어는 언제 외우고, 리딩은 어떻게 이해해서 문제를 풀지 걱정만 앞섰습니다. 이 점수로 내가 어떤 고등학교에 지원하고 합격할 수 있을지, 모든 고등학교에 떨어졌을 경우 한국에서 어떻게 해야 하는지 고민도 많았습니다. 자신감 떨어지고 기운이 나지 않을 때는 상담을 통해 제 솔직한 심정을 털어놓고 조언을 많이 받았습니다.

특히 한세희 선생님께서는 잘하고 있다는 칭찬과 함께 보충할 수 있는 단어와 Analogy 문제를 내주셨고, 아빠는 걱정과 실패의 두려움을 극복하고 계속 끝까지 노력하고 버티는 사람이 승리한다는 격려를 아끼지 않으셨습니다. 외우고 외워도 끝이 보이지 않는 단어들, 외워도 하루아침이면 다 까먹는 단어들, 필자의 의도를 도무지 알 수 없는 어조(tone) 문제는 제 실력이 늘고 있는 건지 끝없는 의심을 지울 수 없게 만들었습니다. 그러나 꾸준히 매일 단어를 일정량 외우고, Reading passage 4개씩 풀고 연습한 결과, 어느 순간부터 단어 외우는 속도도 빨라지고 Analogy 문제에 아는 단어가 보이기 시작했습니다. 학원과 집이 한 시간 거리였기 때문에 지하철에서도 서서 단어를 외웠습니다. 그 결과 마지막으로 본 모의고사는 93%였습니다. 학교가 시작하자 막막하고 답답한 마음에 울기도 하고 조급해하기도 했지만 자기 전 삼십 분 동안 꾸준히 리딩 문제를 풀고, 단어를 외워 10월 첫 시험에 99%를 받고 끝냈습니다.

SSAT를 볼 때 가장 중요한 건 당장 눈에 띄는 실력 변화가 없더라도 좌절하거나 실망하지 않고, 꾸준히 조금씩 천천히 포기하지 않고 노력하는 것입니다. 자기에 대한 자신감을 가지며 노력해야 합니다. 실제 시험을 볼 때 자기의 직감을 믿으세요. 자신이 맨 처음에 맞는다고 생각한 답이 정답인 경우가 많습니다.

여름에 조금만 더 고생하시고 힘내셔서 준비 마무리하시고, 크리스마스는 놀면서 보내세요!

"

St. Andrew's School

김 선우

주니어 보딩스쿨인 렉토리에서 세인트앤드루스 학교까지 가는데 어느덧 3년이 지났습니다. 저는 걱정 많고, 들떠있던 학생이었습니다. SSAT라는 벽이 존재하리라는 생각을 해본 적이 없었습니다. 저도 이 벽을 통해 자신의 한계, 능력을 깨달을 수 있었고 이를 넘어서는 어마어마한 재능도 발견해 낼 수 있었습니다. 원하는 학교에도 한 발짝 더 다가갈 수 있습니다. 피해 갈 수 없으면 부딪쳐야 합니다.

힘들어서 종종 '이게 내가 꼭 해야 하는 건가?' 하는 생각이 들 수도 있습니다. 그러나 나중엔 '아, 그때 잘할걸! 열심히 할걸!'이라는 생각이 들 것입니다. 이럴 땐 자기의 미래를 한번 상상해 보는 것도 방법입니다.

SSAT는 재미있는 시험입니다. 자기의 일반적인 능력을 테스트해 볼 수 있죠. 그걸 이겨내면 얼마나 큰 보람을 느낄 수 있는지 아무리 강조해도 지나치지 않습니다. 그러므로 포기하지 마시고 점수가 안 나온다고 해도 기죽지 마세요. 제가 해내면 여러분들도 할 수 있습니다.

미국 고등학교 입학을 위해 일단 내신이 아주 중요합니다. 인터뷰에서도 내신이나 SSAT 점수들을 물어보는데요. 일단 점수를 높게 받아 놓은 후 인터뷰에 말하면 인터뷰하는 선생님의 태도가 바뀌고 대하는 방식이 달라 자신을 더욱더 부각할 수 있습니다. 그리고 자기가 하는 활동이 무엇이든 간에 자신감 있고 열심히 하면 땀은 배신하지 않습니다. 자신을 믿고 목표를 향해 살면 자신의 목표를 달성하거나 뛰어넘거나 적어도 목표 근처까진 꼭 이루어집니다.

마지막으로 학교에서 리더십 포지션 클럽활동 등 다양하게 학교에 도움 될 수 있는 활동 위주로 하는 것이 큰 장점이 있다고 봅니다. 예를 들면 신문사, 학교 봉사활동, 학교 회장, 운동 캡틴 등 자신이 학교에 도움이 된다면 학교에서도 많은 관심을 보여줄 것입니다.

여러분! 미리미리 실천하고 빨리 정확하게 하는 것이 중요합니다. 자기 할 일을 미루고 있다가 고등학교를 걱정할 시기가 되면 친구들은 이미 명문 보딩스쿨에 합격해 있을 것입니다. 저도 하루빨리 여름 시작하자마자 SSAT 공부를 열심히 해왔으면 10위 안에 드는 학교에 더 가까워졌을 것 같습니다. 그러니 미뤄두지 마시고 단어 하나라도 외우는 것이 성취감을 느끼고 편안해지는 지름길입니다.

Groton School

임유진

‘유학’이라는 단어를 들을 때마다, 저는 Fay라는 주니어 보딩스쿨에 진학하기로 결심하기까지의 오랜 고민이 떠오릅니다. 유학은 저에게 있어 특별하면서도 두려운 선택이었습니다. 익숙한 한국의 공립학교와 고향을 떠나야 한다는 사실, 항상 부모님의 든든한 지원 속에 생활했던 환경에서 벗어나 새로운 나라에서 낯선 언어로 소통하며 다양한 문화적 배경을 가진 친구들과 어울려야 한다는 점은 과연 이 길이 옳은 선택인지 수없이 고민하게 했습니다.

Fay에서 쌓은 경험과 입학팀의 다양한 자원을 활용하여 여러 명문 보딩스쿨에 지원하였고, 일주일 만에 10개 이상의 학교를 방문하며 인터뷰를 진행하였습니다. 인터뷰에 앞서, 저는 학교별 정보를 졸업생들과 카운슬러를 통해 철저히 조사했지만, 마지막으로 방문한 그로튼(Groton)에 대해서는 상대적으로 얻을 수 있는 정보가 적었습니다. 학교 규모가 작고 입학 경쟁률이 높았기 때문입니다. 기대 반, 의심 반의 마음으로 캠퍼스에 도착했지만, 인터뷰를 마친 후 저는 확신하게 되었습니다. 이곳이 제가 가야 할 학교라는 것을….

저는 SSAT 시험 준비를 한세희 선생님과 함께 철저히 하며 성적을 꾸준히 올렸고, 마침내 그로튼을 포함하여 St. Paul's, Hotchkiss, Lawrenceville, Taft 등 여러 명문 보딩스쿨의 합격 통지를 받았습니다. 특히, 그로튼에서는 공식 발표일 이전에 합격 소식을 들을 수 있었는데, 이는 제 지원서 속 진정성이 전달되었기 때문이 아닐까 싶습니다. 저는 망설임 없이 그로튼 입학을 결정하였습니다.

그러나 합격의 기쁨도 잠시, 걱정이 밀려왔습니다. Fay에서는 같은 학년 친구 중 저만 그로튼에 진학했고, 보통 한 학년을 반복하여 진학하는 친구들과 달리 저는 10학년으로 진급할 예정이었습니다. 이미 한 해를 함께 보낸 동급생들 사이에서 어떻게 적응할 수 있을지, 그리고 학문적 수준이 높기로 유명한 ‘그로튼 그라인드(Groton Grind)’를 견딜 수 있을지에 대한 불안이 컸습니다.

첫날 기숙사 방에 들어서며 긴장과 기대가 교차했던 순간을 아직도 생생히 기억합니다. 룸메이트와는 공통점이 거의 없었지만, 기숙사 부모님께서 나눠주신 브라우니를 함께 먹으며 밤늦게까지 퀴즈를 준비하며 불평 아닌 불평을 나누다 보니, 우리는 어느새 친한 친구가 되었습니다.

학생 수가 약 80명에 불과한 작은 학년 규모 덕분에 저는 며칠 만에 모든 동급생을 알게 되었고, 평생 간직할 소중한 우정을 쌓을 수 있었습니다. 학업적으로도 큰 도움을 받았는데, 다행히 저를 인터뷰했던 입학처장이 저의 학업 지도 교사가 되어 수업 선택과 과외 활동에 대한 조언을 아낌없이 해주셨습니다.

‘그로튼 그라인드’라는 별명이 붙을 만큼 높은 학업 수준은 실로 만만치 않았습니다. 라틴어 수업은 급격한 난이도 상승을 보였고, 화학 선생님께서는 AP 커리큘럼을 훌쩍 뛰어넘는 수업을 진행하셨으며, 영어 작문 과제와 역사 연구 논문은 한 학기 가까이 걸리는 방대한 분량이었습니다. 그러나 이 모든 도전이 결국 저를 성장하게 했고, 독립적인 학습 태도를 기르는 데 큰 도움이 되었습니다.

그로튼에서의 경험은 단순히 학문적 성취에 그치지 않았습니다. 작은 규모지만 다양한 문화적 배경을 가진 공동체에서 저는 새로운 활동을 탐색하며 예상치 못한 흥미를 발견하였습니다. 특히 11학년 때, 우연히 여자 조정팀의 cox 콕스로 합류하게 된 경험은 저에게 놀라운 전환점이 되었습니다. 배를 조종하고 팀을 지휘하는 cox는 경기 전략을 조정하고, 방향을 조종하며, 팀원들에게 페이스를 지시하는 역할을 합니다. 그로튼에서 이 활동을 통해 학교별 대항 경기인 인터 스콜라스틱 경기와 지역 대회에 참가하며 값진 경험을 쌓을 수 있었습니다.

또한, 심화 과목을 통해 학문적 관심을 구체화할 기회를 얻었습니다. 대학 수준의 '고급 수학(AMT)'과 '종교와 공공 영역(Religion and the Public Sphere)'을 비롯해, 특히 인상 깊었던 두 개의 수업이 있었습니다. 하나는 T.S. 엘리엇의 황무지(The Waste Land)를 심층 분석하고 직접 시를 창작하는 'Waste Land' 영어 수업으로, 가장 어렵지만 매혹적인 수업이었습니다. 또 하나는 '미국과 베트남/이라크(America in Vietnam/Iraq)'라는 국제관계 과목이었습니다. 수업마다 베트남전 참전 용사들이 Zoom을 통해 참여해 생생한 전쟁 경험을 들려주셨고, 이를 통해 저는 지역 연구에 대한 흥미를 발견하며 교수님과도 멘토-멘티 관계를 형성할 수 있었습니다.

그로튼에서의 마지막 해는 순식간에 지나갔습니다. 가장 친한 친구와 룸메이트가 되어 함께 생활했고, 기숙사 리더(prefect)로서 후배들을 이끌며 잊지 못할 추억을 만들었습니다. 자유롭게 외출할 수 있는 '시니어 특권'을 활용해 친구들과 겨울철에만 제공되는 '윈터 브레드(Winter Bread)'를 먹으러 다이닝 홀에 가고, 맑은 날엔 학교 건물 앞 의자에 앉아 서클의 전경을 감상하며 시험공부를 하곤 했습니다.

가장 기억에 남는 순간 중 하나는 졸업을 앞두고 진행한 '채플 토크(Chapel Talk)'였습니다. 국제 학생으로서의 정체성에 대한 고민을 담아 연설했고, 직접 편곡한 바이올린 곡을 연주하며 저의 성장 이야기를 공유하였습니다. 이 경험을 통해, 저는 고등학교를 넘어 더 넓은 세계로 나아갈 준비가 되었음을 깨달았습니다.

만약 보딩스쿨 진학이나 유학을 고민하고 계신 분이 있다면, 저의 경험이 작은 도움이 되길 바랍니다. 그 과정이 때로는 힘들고 두려울 수 있지만, 그만큼 성장하고, 평생 간직할 소중한 인연과 경험을 얻게 될 것입니다.

Deerfield Academy

이율희

　　SSAT, TOEFL, GPA, 수업 시간 에세이, 과외 활동, 추천서, 그리고 학교마다 다 채워서 내라고 보내준 원서들. 미국에서 고등학교에 가려면 빠짐없이 준비해서 제출해야 할 리스트인데요, 여기에 인터뷰 투어까지 겹치면 고등학교 원서 마감일에 원서 제출하기까지 엄살 좀 보태 거의 옛날 과거 시험 보러 한양 가던 선비들 고생보다 더하면 더했지, 모자라지는 않아요. 또 하라고 하면 잘 못하지요. 그런데 지금 생각해 보니 정말 한번 해볼 만은 해요.

　　사실 저는 초등학교 5학년 때까지 유학은 꿈도 안 꿔본 평범한 여학생이었어요. 그렇다고 미래에 대한 확신이 없었던 건 아니지만, 국내 일반 중학교나 외고를 꿈꾸고 있었지, 유학은 생각도 해보지 않았습니다. 그러던 5학년 여름방학이 가고 그해 가을, 오빠가 미국의 주니어 보딩스쿨로 유학을 가게 되었어요. 물론 저는 그때까지만 해도 별 관심도 없었고요. 오빠가 유학 가고 나서 이야기하기를, 미국은 한국과 다른 개방적이고 발달한 교육 체계를 지니고 있으며 마치 천국에서 공부하는 것처럼 자랑하더군요.

　　5개의 과목과 하루 2시간의 팀 운동, 여러 가지 동아리와 특별활동, 전 세계에서 온 친구들, 그 이야기들을 다 듣고 나니 사실 조금 부러웠어요. 누구는 한국에서 집, 학교, 학원을 반복하며 지루한 일상을 살아가는데 혼자 미국에 가서 새롭고 재미난 삶을 살고 있으니 말이죠.

　　그때 저도 오빠처럼 미국 학교를 가 보고 싶다는 느낌을 처음 받았어요. 반면에 한국 친구들과 가족과 행복한 시간을 보내고 있었기에 약간은 망설였답니다. 긴 고민 끝에 주니어 보딩스쿨에 지원하기로 했어요. 그러고 나서 여러 사람의 도움을 받아 주니어 Admission 과정을 잘 마쳤고, 2009년 가을에 매사추세츠주에 있는 Bement School에 진학하게 되었어요.

　　학교에 가고 나서 알고 보니 바로 옆에(걸어서 1분 거리) Deerfield Academy라는 명문고가 있더라고요. 저희가 그 학교의 시설을 빌려 쓴다는 것도 가서 처음 알았어요. 바로 옆 학교이기에 놀러도 많이 가고 운동도 하고 Faculty Kid였던 친구의 집에서 놀면서 가끔 거기 Dining hall에서 맛있는 밥도 먹고 하다 보니 그 학교가 정말 마음에 들었어요. 시간이 지날수록 그 학교가 더 좋아지는 거 있죠?

　　물론 걱정이야 산더미였지만, 그중에서 제일 걱정이었던 게 SSAT 시험이었어요. 그렇다고 다른 게 걱정이 안 됐던 건 아니지만 TOEFL이야 미국에서 주니어 보딩을 다니는 친구들은 큰 걱정은 하지 않는 것 같은 분위기에 덩달아 수월하게 느껴졌고, 나머지 다른 것들은 한 번에 끝나지 않고 모자라면 더 열심히 보충해서 시간을 두고 차근차근 만회할 수 있었지만, SSAT는 그렇지 않았으니까요.

　　친구들과 함께 시험 걱정이 태산이었는데 2011년 여름에 한세희 선생님을 만나고부터 은근히 오기도 생기고 자신감도 많이 생겼어요. 수업 시간 내내 엄청 자극적인(?) 말씀을 해주시면서 학생들을 몰아치실 때면, 다들 힘들면서도 그 수업을 끝내 다 따라갔으니까요. 단어 시험도 모두 다 맞추는 것을 목표로, 선생님께서 알려주신 여러 가지 공부 방법을 써서 열심히 외우다 보니 나중에는 이런저런 저만의 방법을 깨닫게 되면서 훨씬 수월해졌어요. 선생님께서 알려주시는 대로 오늘 새로운 단원을 배웠다면 어제 배운 단원을 먼저 리뷰해서 함께 외워 차곡차곡 단어의 양을 쌓아갔어요. 처음에는 조금 오래 걸렸지만, 반복된 리뷰를 하다 보니 시험 볼 때만 잠깐 생각나고 잊혔던 단어들도 오래오래 잘 기억되더라고요. 그래서 마지막 60단원을 끝낸 뒤에는 1단원부터 59단원까지 보지 않고 외워질 정도로 익숙해졌어요.

덕분에 가을에 학교에 가서 따로 단어장을 보거나 공부할 일이 없었기에 GPA 관리에 몰두할 수 있었어요. 사실 그때는 SSAT를 시험을 위해 단어를 공부했지만, 학교에 다니면서 Reading을 할 때 그때 배워놓았던 어휘들이 얼마나 도움이 되는지 몰라요.

그리고 저는 어휘를 늘리는 것도 어려웠지만 다른 부분보다 Reading 연습이 더 필요했기에 Reading 수업과 연습에 특히 신경을 썼어요. 한세희 선생님께서 가르쳐 주신 대로 내가 이 문제를 무엇 때문에 틀렸는지, 내 답과 정답의 차이는 무엇인지, 다른 보기는 각각 왜 틀렸는지 하나씩 짚어가며 공부했더니 실력이 확실히 느는 것을 느꼈어요.

Writing은 최대한 많은 주제를 살펴보고 반대되는 두 관점에서 쓰는 것을 연습했어요. 중요한 건 그렇게 시간이 가고 나니까 시험이 전혀 겁나지 않더라고요. 선생님과 함께 한 Hard training에 겁 세포가 무뎌졌다고 할까? 아무튼 그렇게 부담스럽던 10월 첫 SSAT 시험을 아무렇지도 않게 치렀고 98%를 받았어요. 그렇게 받은 SSAT 성적과 위에서 늘어놓은 다양한 서류들을 모아서 각 학교에 제출하고 나니 선생님 말씀 더 잘 듣고 진작에 준비했으면 덜 힘들었을 거라는 생각이 많이 났어요.

SSAT 외에 GPA도 매우 중요해요. GPA는 수업, 과제, 토론 열심히 하는 것 외엔 방법이 없지요. 그런데 수업뿐만 아니라 과외 활동 같은 건 평소엔 사실 스트레스를 주지 않으니까 그야말로 대충 때우 게 되는데 그러면 절대 안 돼요. 하나라도 더 열심히, 매일 똑같이 반복하는 게 지겹더라도 쉬지 않고 하는 게 중요하다는 걸 원서 준비하면서 알았어요. 그래야 뭐라도 내세울 게 있고 할 말이 있어요.

물론 시험 성적과 학교 성적도 중요하지만, 그 외의 Extra-curricular 활동들이 정말 중요한 것 같아요. 저는 미술에 특별한 소질이 없었기에 단점을 가리려 하기보다는 장점을 더욱 살리자는 마음에 제가 정말 좋아하는 음악과 대중 퍼포먼스, 운동, 그리고 리더십 쪽으로 밀었습니다.

사실 제가 정말 이 세상에 있는 악기란 악기는 다 다뤄봤을 정도로 변덕이 심했는데요, 유학 6개월 전에 바이올린을 시작했을 때 '아, 나는 이걸로 가야겠다.' 싶었습니다. 그렇게 학교에 가서 꾸준히 연습하고 2년이 지난 9학년 가을에 드디어 기다리고 기다리던 오케스트라의 Head Concert Master와 Conductor를 하게 되었어요. 정말 기쁜 순간이었죠. 그뿐만 아니라 아카펠라 그룹, 피아노 콩쿠르 경력, 영어 말하기 대회와 영어 연극 경력, 라크로스, 그리고 친구와 함께 연 교내 첫 기금 마련 콘서트도 열었어요. 이런 다양한 과외 활동이 큰 도움이 되었던 것 같아요.

인터뷰 준비도 미리 더 잘할 걸 하는 후회도 많이 했답니다. 부모님도 시간을 내서 동행해 주셔야 하고 또 여러 개의 학교를 돌아야 하니까 아무래도 시간을 몰아서 하는 수밖에 없었거든요. 미리 준비하지 않으면 중간중간에 임기응변식의 대응밖에 못 합니다.

잘 아시겠지만, 인터뷰에서는 왜 우리 학교를 선택했는지, 나의 장점이 뭔지, 친구들은 나를 어떻게 생각하는지, 지금까지 가장 힘들었던 일은 무엇인지, 같은 일반적인 질문들을 합니다. 대답도 비슷비슷한 대답을 하게 되는데, 이런 건 사전에 새로운 이야기로 준비를 잘해가면 굉장히 좋은 인상을 줄 수 있어요. 그리고 어차피 주제가 딱 정해진 것도 아니니까 풍부한 화젯거리를 가지고 있으면 얼마든지 다양한 이야기를 할 수 있습니다. 특히 기억에 남는 게 Deerfield 인터뷰 선생님과 40분 넘게 수다를 떨다 온 기억밖에 없으면서도 좋은 결과를 얻을 수 있어서 '수다'를 각오한 인터뷰도 상당히 중요하다고 봐요.

참고로 저를 인터뷰한 하치키스 선생님께서 독특한 질문을 하신 게 기억나요. 저에게 '무제한으로 예산을 쓸 수 있도록 해준다면 제일 먼저 무슨 일을 하고 싶은지'를 물으시더군요. 저는 아주 웃기는 이야기를 하면서 선생님과 같이 웃다가 나오게 됐지만, 여러분들은 좀 더 멋진 답변을 할 수 있으리라 믿어요.

저는 다행히 결과가 좋아서 원했던 Deerfield, Lawrenceville, 그리고 Milton에서 모두 입학 허가서를 받았어요. 하지만 과정은 정말 순탄하지 않았어요. 시간에 쫓겨서 완전 당일치기로 원서를 작성하는 바람에 거의 탈진 수준이었지요. 여러분들은 제발 미리미리 준비해서 시간이 모자라 못한다거나 실수하는 일이 없길 빌어요. 뭐든 다 잘하면 좋지요. 적어도 한세희 선생님 이야기대로만 하시면 뭐든 더 잘하시게 될 거예요.

제 글이 많은 도움이 됐기를 바라고, 후배들께 좋은 결과가 있기를 빌어요.

Good Luck!

The Hotchkiss School

김민소

처음 입학 준비를 시작했을 때, 솔직히 말하면 '의심이 가득했다'라고 하는 게 맞을 것 같습니다. 에세이를 써야 하고, 인터뷰도 준비해야 하고, SSAT까지 공부해야 하는데… '내가 정말 해낼 수 있을까?'라는 생각이 매일 머릿속을 떠나지 않았습니다. 그러다 보니 그냥 빨리 끝내버리고 싶은 마음도 들었습니다. 하지만 Hotchkiss에서 합격 이메일을 받은 순간, 그동안 내가 얼마나 열심히 해왔는지를 다시 돌아보게 됐습니다. 그제야 시간이 천천히 흐르는 것 같았고, 한동안 짓눌려 있던 마음도 조금은 가벼워졌습니다.

지원서를 준비하기 전에 내게 던진 가장 중요한 질문이 있었습니다. "나는 왜 보딩스쿨에 가고 싶지?" 사람마다 이유는 다르겠지만, 내 경우는 새로운 환경에서 나를 시험해 보고 싶었기 때문입니다. 한계를 뛰어넘고, 나를 성장시키고, 앞으로 마주할 도전에 대비하고 싶었습니다. 입학 과정이 힘들었지만, 그 목표 덕분에 끝까지 포기하지 않을 수 있었습니다.

처음 마주한 벽은 SSAT였습니다. 공부를 시작하자마자 의심이 몰려왔고 '이 점수로 보딩스쿨 갈 수 있을까?'라는 생각이 떠오를 때마다 더 열심히 하려고 했습니다. 힘들었지만, 한세희 선생님과의 수업과 격려로 결국 첫 시험에 원하는 성적을 받고 나니 그동안의 노력이 헛되지 않았음을 깨달았습니다.

SSAT가 끝나고 나서는 본격적으로 지원서 준비에 뛰어들었습니다. 그중에서도 에세이가 가장 중요하다고 생각했습니다. 어떻게 하면 나를 가장 솔직하고 진솔하게 보여줄 수 있을까를 고민하던 끝에 내린 결론은 하나였습니다. "완벽한 척하지 말고, 있는 그대로 나를 보여주자." 사람들은 가끔 에세이를 쓸 때 단점은 숨기고 장점만 강조하려고 하지만, 저는 부족한 점도 솔직하게 드러내고 그것을 어떻게 극복해 왔는지를 이야기하고 싶었습니다. 결국, 학교가 원하는 건 완벽한 학생이 아니라, 성장할 수 있는 학생이니까요. 에세이를 다 쓰고 나니 인터뷰가 다가왔습니다. 예상 질문 리스트를 만들어서 준비했지만, 막상 인터뷰를 해보니 처음 생각했던 것과 달랐습니다. 딱딱한 질문과 답변이 오가는 게 아니라, 그냥 자연스러운 대화였습니다.

Hotchkiss 인터뷰에서는 영화감독 크리스토퍼 놀런과 그의 영화 '다크 나이트' 시리즈에 대해 한참 이야기했는데, 인터뷰 선생님도 이 대화를 즐긴 것 같았습니다. 다음날 받은 이메일에서 "어제 영화 이야기 너무 재미있었어!"라는 말을 보고 괜히 뿌듯했습니다.

이 모든 여정을 지나며 제가 확신하게 된 한 가지가 있습니다. 결국, 가장 중요한 것은 자기 자신을 솔직하게 드러낼 용기라는 것입니다. 저는 그 용기로 여기까지 올 수 있었고, 여러분도 그 용기로 꿈을 이루실 수 있을 거라 생각합니다.

진심으로 응원합니다.

The Lawrenceville School

최연우

작년 이맘때의 저는 "지원하는게 맞을까? 내가 진짜 갈 수 있을까?"라는 의문들을 품고있었습니다. 지금 과거의 저에게 주고 싶은 답은 "당연하지!" 입니다.

8학년 여름방학에 보딩 준비를 시작한 저에게 SSAT는 진정한 도전이었습니다. 수학은 괜찮았지만, 어휘는 너무 방대했고 리딩은 도무지 무슨 말인지 이해가 되지 않아 좌절감이 컸습니다. 특히 첫 리딩 점수를 확인했을 때의 충격은 아직도 생생합니다. 하지만, 한세희 선생님의 클래스에서 선배들이 늘 했던 믿기 어려웠던 그 말 "처음에는 정말 낮은 점수에서 시작했지만 끝까지 노력해서 탑보딩에 지원할 수 있을만큼 올랐어!"을 듣고는 저도 "에이~ 말도 안돼! 어떻게 이런 낮은 점수에서 저렇게 점수를 높여!"라고 생각했습니다. 그런데 그게 말이 되더라고요. 제가 직접 경험해보니 가능한 것이었습니다. 저도 그렇게 해낼 수 있었으니까요.

저의 첫 시작은 어휘였습니다. 구글 닥스에 정리해 둔 단어장을 학원 등하원길마다 틈틈이 보며 외웠고, 종이에 적힌 단어는 수없이 접고 펴며 암기했습니다. 책 속 단어는 가리고 스스로를 테스트했고, 샘플 문장까지 반복해서 읽으며 단어의 뉘앙스까지 익히려 노력했습니다. 어느 정도 단어에 익숙해지자, Analogy 문제를 대비해 유사어와의 미묘한 차이를 구분하는 연습도 병행했습니다. 결국 핵심은 자신에게 맞는 방법을 빨리 찾는 것이었습니다.

리딩은 저에게 가장 큰 난관이었습니다. 지문이 무엇을 말하고 싶은지 감이 오지 않았고, 보기들은 전부 정답처럼 보여 혼란스러웠죠. 이때 한세희 선생님께 도움을 요청했고, 그 조언들은 제게 큰 전환점이 되었습니다. 특히 기억에 남는 세 가지 팁이 있었는데, 첫째는 오답노트를 쓰는 것이었습니다. 틀린 문제의 이유를 되짚고, 지문 속 근거를 직접 표시해보는 과정을 통해 반복되는 실수와 문제 유형의 패턴을 파악할 수 있었습니다. 둘째는 보기 하나하나를 분석하는 것이었는데, 보기들이 모두 비슷하게 느껴졌던 저에게 오답의 이유까지 명확히 써보는 연습은 정답과 오답의 미세한 차이를 구분하는 데 큰 도움이 되었습니다. 마지막으로, 한 지문을 읽고 다음 지문으로 넘어갈 때는 이전 내용을 완전히 잊는 훈련이 필요하다는 조언이었는데, 실제로 이 연습은 집중력 분산을 막고 시험 전반의 퍼포먼스를 높이는 데 매우 효과적이었습니다.

저는 첫 시험에 SSAT를 끝내고 입시에 필요한 다른 준비에 더 많은 시간을 쏟을 수 있었고, 이후로는 보딩 지원을 위한 여러 활동에 집중했습니다.

사실, 처음 활동들을 나열해 봤을 때 제 개성이 잘 보이지 않았습니다. 그래서 저는 '내가 어떤 사람인지' 고민하고 돌아보는 시간을 가졌고, 봉사활동에 초점을 맞추기로 했습니다. 특히 시니어 봉사는 단순히 시간을 채우는 것이 아니라, 저만의 이유와 이야기를 담을 수 있는 활동이었기 때문에 선택했습니다. 에세이를 쓸 때에도 이 경험이 큰 힘이 되어주었고요. 저는 봉사를 포함한 모든 활동에서 "왜?"라는 질문을 붙들고 의미를 찾으려고 노력했습니다. 그 고민의 흔적이야말로 에세이에서 가장 빛나는 부분이 아닐까요?

인터뷰는 생각보다 훨씬 편안한 분위기였습니다. 질문에만 딱딱하게 대답하기보다는, 질문에 대한 제 경험이나 배경을 덧붙여가며 대화를 이어나갔습니다. 글쓰기에 대한 공통 주제로 자연스럽게 이야기를 나눌 수 있었고, 어느새 긴장도 사라졌습니다. 인터뷰 전, 미리 질문을 준비해간 것도 대화의 흐름에 큰 도움이 되었고, 제가 이 학교에 진심으로 관심이 있다는 것을 보여줄 수 있는 좋은 기회였습니다.

에세이는 11월 초부터 본격적으로 시작했습니다. 문항마다 내가 어떤 메시지를 전달하고 싶은지, 혹시 중복되거나 빠진 포인트는 없는지를 꼼꼼히 따지며 작성했습니다. 가능한 질문마다 나만의 에피소드를 담으려고 노력했고, 그것이 글의 진정성을 높여줬습니다.

그리고 잊지 말아야 할 학교 성적과 추천서. 이 부분은 다른 사람이 도와줄 수 없는 만큼, 스스로 최선을 다해야 했습니다.

보딩스쿨에 지원한다는 건 저에게 바다 위 절벽에서 눈을 감고 뛰어내리는 것 같았습니다. 두렵고, 막막하고, 예측할 수 없는 상황의 연속이었죠. 하지만 막상 그 물속에 풍덩 빠져보니, 세상 시원하고 행복했습니다. 고개를 들어 뒤를 돌아보니, 그 길이 선명하게 보였고, 그 여정을 통해 한 단계 성장한 제 자신이 느껴졌습니다.

이 자리를 빌려, 저를 믿고 응원해주신 한세희 선생님과 부모님, 그리고 함께 해준 모든 분들께 깊이 감사드립니다. 덕분에 저는 제 자신을 믿는 법을 배웠고, 드림스쿨이었던 로렌스빌에 합격해 새로운 여정을 시작할 준비를 마쳤습니다. 혹시 지금 점수 때문에 좌절하고 계시다면, 너무 걱정하지 마세요. 자신을 믿고, 꾸준히 나아간다면 분명 노력의 결실은 따라옵니다. 제 작은 경험이 여러분께 조금이라도 도움이 되었기를 바라며, 진심으로 응원하겠습니다.

모두 화이팅!

Blair Academy

이 선 준

저는 8학년 겨울, Family Weekend를 맞아 엄마, 아빠와 함께 Blair Academy 를 직접 방문했습니다. 캠퍼스를 걸으며 마주한 따뜻한 분위기, 학생들과 선생님들 의 진심 어린 시선과 관심은 제 마음을 단번에 사로잡았습니다. 낯선 환경임에도 불 구하고 마음을 열 수 있게 해주는 Blair 특유의 배려와 공동체 정신이 곳곳에 살아 있었고, 저는 그 순간 확신했습니다. "이 학교가 바로 내가 있어야 할 곳이다."

많은 분들이 Blair를 이야기할 때, 먼저 높은 랭킹이나 학업 성취도를 언급하곤 합니다. 하지만 저에게 Blair는 그런 외적인 요소보다 *나와 잘 맞는 학교인가*가 훨씬 더 중요했습니다. Blair의 따 뜻한 분위기, 진정성 있는 사람들, 열린 수업 방식, 그리고 무엇보다 공동체의 성격이 제 마음을 움직였습 니다.

Blair는 학생 개개인의 성장을 매우 중요하게 생각하는 학교입니다. 학문적 성취뿐만 아니라 예술, 스포 츠, 리더십 활동에까지 모두 균형 있게 신경을 쓰고, 학생들이 다양한 분야에서 성장할 수 있도록 기회를 제 공합니다.

선생님들과 학생들의 관계도 굉장히 가깝다는 점도 특히 매력적이었고, 그 안에서 제가 나다운 모습으 로 성장할 수 있을 것이라는 믿음이 생겼습니다. 또한, Blair는 학생 간의 상호작용과 학교의 긍정적인 분위 기 덕분에 학교 생활이 정말 즐거울 거라는 느낌을 받았습니다. 학교의 진정성과 가족 같은 커뮤니티 덕분에 Blair에서 학교생활을 잘 할 수 있겠다는 확신을 가지게 되었고, 지금도 그 선택에 매우 만족하고 있습니다. 그러나 Blair로 향하는 길은 결코 쉽지 않았습니다. 그 첫 관문은 바로 SSAT였습니다.

시험을 보기 전까지, 저는 SSAT의 중요성을 머리로는 이해하고 있었지만, 마음으로는 크게 와닿지 않았 습니다. 적당히 공부해도 괜찮겠지 하는 안일함, 그리고 시험 자체를 피하고 싶은 마음이 컸습니다. 그러나 4 월, 첫 시험에서 받은 충격적인 낮은 점수는 저에게 큰 깨달음을 안겨주었습니다. 그리고 저는 그날 결심했습 니다.

"이대로는 안 된다. 제대로 준비하자."

그때부터 제 SSAT 준비는 완전히 달라졌습니다. 한세희 선생님과 함께 체계적인 학습을 시작했고, 매일 단어를 외우고 문장을 완성하는 반복 훈련을 이어갔습니다. 과정은 결코 쉽지 않았습니다. 포기하고 싶은 순 간도 많았지만, "넌 할 수 있어. 절대 포기하지 마."라는 어머니와 선생님의 진심 어린 응원이 저를 다시 일으 켜 세웠습니다.

단어를 완벽히 외울 때까지 잠을 미룬 날도 있었고, 때로는 지쳐 눈물이 날 때도 있었습니다. 그러나 돌이 켜보면 그 모든 시간들이 저를 더 단단하게 만들어주었습니다. 결국, 저는 SSAT에서 목표했던 90퍼센타일을 넘는 점수를 받을 수 있었고, 간절히 원하던 학교인 **Blair Academy**에 합격하는 기쁨도 누릴 수 있었습니다.

세컨더리 스쿨 입학을 준비하는 과정은 그 자체로 하나의 긴 여정이었습니다. 그 여정을 지나오며 저는 많은 것을 배웠고, 그 경험을 바탕으로 저처럼 주니어 보딩스쿨에서 세컨더리 스쿨을 준비하는 후배들에게 몇 가지 조언을 전하고 싶습니다.

첫째, 카운슬러 선생님과의 관계를 소중히 여기세요. 저는 학교 카운슬러 선생님과 오랜 시간 깊은 신뢰를 쌓아왔고, 그 신뢰는 에세이 방향 설정부터 학교 리스트 조정까지 입시 전반에 큰 힘이 되었습니다. 카운슬러는 학생의 성향과 강점을 누구보다 잘 이해하고 있는 분이기에, 진심으로 마음을 열고 상의해 보세요.

둘째, 추천서를 써 주실 선생님들과의 관계 관리도 중요합니다. 특히 영어와 수학 선생님과의 꾸준한 소통이 필요합니다. 저는 수업 시간마다 최선을 다해 참여했고, 주기적인 피드백을 통해 신뢰를 쌓았습니다. 추천서는 단순한 평가서가 아니라, '그 학생이 누구인가'를 보여주는 중요한 문서라는 것을 잊지 마세요.

셋째, 리더십 경험을 쌓는 것을 추천합니다. 저는 9학년 때 약 75명의 지원자 중 16명만 선발되는 기숙사 리더로 활동했습니다. 이 역할을 통해 저는 공동체에 기여하는 책임감, 그리고 다른 사람에게 긍정적인 영향을 미칠 수 있는 태도를 배울 수 있었습니다. 리더십은 직책이 아니라, 함께 살아가는 사람들을 위한 '태도'에서 비롯됩니다.

넷째, 학교 투어와 인터뷰 준비에도 성심을 다하세요. 학교 투어에서는 가이드에게 적극적으로 질문을 던지며 대화에 참여해 보세요. "이 학교에서 가장 좋아하는 점은 무엇인가요?" 같은 질문은 학교에 대한 진심을 보여줄 수 있습니다. 인터뷰에서는 외운 답변보다 나만의 진짜 이야기를, 자연스럽고 자신감 있게 전하는 것이 가장 큰 인상을 남깁니다.

입시는 때로 두렵고, 지치고, 외로울 수도 있습니다. 하지만 그 시간을 정면으로 마주하고 끝까지 포기하지 않는다면, 언젠가는 그 시간이 여러분 인생에서 가장 빛나는 한 페이지로 남게 될 것입니다. 저는 이 과정을 통해 노력은 절대 배신하지 않는다는 진실을 배웠습니다. 그리고 여러분 역시, 자신만의 방식으로 반드시 해낼 수 있다고 믿습니다.

여러분의 선택과 여정에 진심 어린 응원을 보냅니다.

The Peddie School

김 규 현

저는 보딩스쿨 지원의 모든 과정을 혼자 힘으로 해냈습니다. 지금 돌이켜보면 쉽지 않은 여정이었지만, 이 소중한 경험을 저처럼 보딩스쿨을 준비하는 후배들에게 나누고 싶습니다. 특히, 한세희 선생님과 함께 공부하면서 얻은 배움들이 저의 지원 과정에서 얼마나 큰 도움이 되었는지를 이야기하고자 합니다.

보딩스쿨 지원 과정에서 가장 중요한 요소는 무엇일까요? 저는 단연 '학교 선택'이라고 생각합니다. 많은 분이 학교 랭킹이나 평판을 기준으로 학교를 정하지만, 보딩스쿨에서의 경험이 대학 전공, 그리고 더 나아가 장래 진로에도 영향을 미친다는 사실을 간과하는 경우가 많습니다. 그래서 저는 정말 열정을 가질 수 있는 분야에서 최고의 프로그램을 제공하는 학교를 찾기로 했습니다. 그 결과, The Peddie School을 선택했습니다.

이유는 바로 로보틱스 때문이었습니다. Peddie의 로보틱스 프로그램은 어느 학교와 비교해도 경쟁력이 있을 만큼 강력하며, 시설 또한 최고 수준입니다. 우리 학교 로보틱스 팀은 항공기 제조사 Boeing의 후원을 받고 있어 장비와 환경이 다른 학교보다 월등히 뛰어납니다. 실제로, 제가 다른 명문 보딩스쿨에서 로보틱스를 경험했을 때, 다른 학교에서는 로봇의 부품을 새롭게 제공하지 않고 전년도에 사용했던 로봇을 분해하여 재활용했습니다. 하지만 Peddie에서는 매년 새로운 부품과 엔진을 사용하여 업그레이드된 로봇을 제작할 수 있었습니다. 이러한 차별점들이 제가 Peddie를 선택한 결정적인 이유였으며, 결과적으로 최고의 선택이었다고 생각합니다. 우리 팀은 매년 FRC(First Robotics Competition)에서 우수한 성적을 거두고 있으며, 저는 최적의 환경에서 로보틱스를 배우며 성장하고 있습니다.

지원 과정에서 또 하나 강조하고 싶은 점은 바로 '진정성(Be Genuine)'입니다. 보딩스쿨 입학사정관들은 20년 이상의 경험을 가진 전문가들입니다. 꾸며낸 이야기나 과장된 경험은 결국 들통나기 마련입니다. 저는 한세희 선생님과 여름 내내 SSAT를 공부하면서 영어 실력을 향상했고, 이를 바탕으로 가을 학기에 돌아와 수준 높은 에세이를 작성할 수 있었습니다.

선생님께서는 수업에 참여한 모든 학생이 제 수준에 도달할 때까지 in-class writing(수업 내 글쓰기 연습)을 시키셨습니다. 그 과정에서 저는 'Academic Honesty(학업적 정직성)'을 강조하는 에세이를 작성했고, 입학사정관과의 인터뷰에서도 이를 바탕으로 학업적 정직성의 중요성을 이야기할 수 있었습니다. 입학 지원서에서 중요한 것은 특별한 경험이 아니라, 자기 경험을 통해 어떤 가치를 강조할 수 있는지를 고민하는 것입니다.

또한, 인터뷰 준비 과정에서 하나의 팁을 드리자면, Dream School 인터뷰 전에 충분한 연습을 하시길 추천합니다. 이렇게 3~4번 인터뷰를 먼저 경험해 보면 긴장감이 줄어들고, 최상의 컨디션으로 Dream

School 인터뷰를 볼 수 있습니다. 실제로 입학사정관과 대화를 나누는 것은 긴장될 수밖에 없는 일이지만, "Can I have some time to think about it?" 같은 표현을 활용하면 답변을 생각할 시간을 가질 수 있습니다. 입학사정관들도 학생이 충분히 고민하고 답변하는 것을 원하기 때문에, 너무 서두를 필요가 없습니다.

또한, 제 많은 인터뷰 경험을 돌이켜보면 거의 모든 학교에서 공통으로 물어보는 질문이 하나 있습니다. "What three words would your teacher use to describe you?" 또는 "What would your friends describe you in three words?"입니다. 즉, 자신이 어떻게 생각하는지가 아니라, 주변 사람들이 자신을 어떻게 바라보는지를 묻는 말입니다. 따라서 자신의 강점을 가장 잘 드러낼 수 있는 단어를 선택하고, 단순히 단어만 나열하는 것이 아니라 그 단어를 뒷받침할 수 있는 구체적인 사례까지 준비하는 것이 중요합니다. 이 질문은 거의 모든 보딩스쿨 인터뷰에서 등장하기 때문에 미리 생각해 두는 것이 좋습니다.

마지막으로, 보딩스쿨 썸머 캠프를 고려하는 학생들에게 꼭 드리고 싶은 조언이 있습니다. "지원하려는 그 해가 아니라, 지원하기 한 해 전에 썸머 캠프에 참가하세요. 그리고 그냥 돌아오지 마시고 꼭 추천서를 받아오세요!"

저는 지원하기 한 해 전 여름, Choate Summer Camp에서 로보틱스를 공부했습니다. 다행히 Choate Robotics Dean께서 저의 열정을 인정해 주셔서 추천서를 써 주셨습니다. 이 추천서는 제 지원서를 더욱 특별하게 만들어 주었고, 최종 합격에도 큰 도움이 되었습니다.

보딩스쿨 지원 과정은 쉽지 않습니다. 하지만 올바른 방향을 잡고, 자신의 강점을 극대화하면 충분히 성공할 수 있습니다. 저 역시 모든 과정을 혼자 준비했지만, 한세희 선생님의 지도 덕분에 훨씬 체계적이고 효과적으로 지원을 마칠 수 있었습니다.

이 글이 보딩스쿨을 준비하는 후배들에게 작은 도움이 되길 바랍니다. 보딩스쿨은 단순한 유학이 아니라, 자신만의 스토리를 만들어 가는 과정입니다. 여러분도 자신만의 이야기를 만들어 가시길 응원합니다!

St.Mark's School

김 하 연

안녕하세요! 먼저, 이렇게 영광스러운 글을 쓸 기회를 주신 한세희 선생님께 깊이 감사드립니다. 선생님의 책을 읽으며 선배들의 합격 후기를 감탄하며 보았던 때가 엊그제 같은데, 이제는 직접 합격 후기를 작성할 수 있게 되어 무척 기쁘고 감사한 마음입니다.

처음 SSAT 수업을 들었을 때, 저는 보딩스쿨에 대한 정보가 거의 없었습니다. 따라서 큰 동기부여 없이 단순히 영어 실력과 어휘력을 향상하고 싶다는 생각으로 시작했습니다. 그때는 간절함이나 열정이 없었기에 점수도 낮게 나왔습니다. 하지만 함께 공부하는 친구들의 열정, 늘 최선을 다하시는 한세희 선생님, 수업 시간에 듣는 보딩스쿨에 대한 여러 놀라운 정보들, 그리고 무엇보다도 조금씩 향상되는 점수를 보며 점점 더 열심히 해야겠다는 의지가 생겼습니다.

특히 2021년 7월은 제가 가장 열심히 공부했던 시기로 기억됩니다. 비록 최종 SSAT 성적이 만점은 아니었지만, 그 여름 동안 쌓은 노력 덕분에 마지막 시험에서 저의 최고 점수를 받을 수 있었습니다. 그러나 아쉽게도 8월 한세희 선생님 모의고사 수업을 듣지 못하고, 미국으로 돌아가야 했습니다. 학교가 일찍 개학했기 때문입니다.

따라서 미국에서 더욱 철저한 계획을 세워 독학했고, 7월에 한세희 선생님과 함께 공부한 자료들을 활용해 체계적으로 준비했습니다. 저는 세인트 마크스에 가기 전까지 캘리포니아의 작은 공립학교에 다녔습니다. 공립학교에서 지원하는 것은 주니어 보딩스쿨을 다닌 학생들과 출발선 자체가 다르다는 점에서 매우 걱정되었습니다. 선생님께서는 할 수 있다고 계속 응원해 주셨고, 그 과정에서 자신이 선택한 길을 믿는 것이 중요하다는 사실을 깨달았습니다.

캘리포니아로 돌아간 후, 저는 학업뿐만 아니라 다양한 특기와 과외 활동을 확장하는 데 최선을 다했습니다. 특히 지원 과정 중 가장 독특한 점은, 저가 학교의 카운슬링(상담) 서비스를 전혀 이용하지 않았다는 것입니다. 저는 오직 스스로 지원하고 싶었고, 학교 측의 개입 없이 제 방식대로 진행해 보고 싶었습니다. 그 덕분인지, 제가 쓴 에세이에는 개인적인 생각과 확고한 의지가 더욱 뚜렷하게 드러났고, 입학사정관들도 이러한 점을 높이 평가했던 것 같습니다.

저는 직접 학교를 방문하여 투어와 인터뷰를 진행했습니다. 여행을 계획할 때, 엄마와 함께 일주일 동안 뉴잉글랜드 5개 주를 여행하며 원하는 학교들을 방문할 수 있도록 효율적인 루트를 짰습니다. 가능하다면 꼭 직접 방문하여 투어와 인터뷰를 진행하는 것이 좋습니다. 사전에 꿈꾸던 학교가 실제로 방문했을 때 기대만큼 매력적이지 않을 수도 있습니다. 중요한 것은 학교의 명성보다는, 본인과 잘 맞는 학교를 찾는 것입니다. 또한, 방문 시기는 가능한 한 이른 시기가 좋습니다. 12월에는 뉴잉글랜드 보딩스쿨이 겨울 특유의 우울한 분위기를 띠고 있어 학교의 진정한 모습을 보기 어렵습니다. 1월은 지원서 제출 기간으로, 학교 측이 매우 바쁜 시기입니다. 따라서 10월 추수감사절 이전이 가장 이상적인 방문 시기라고 생각합니다. 날씨도 좋고, 학교의 분위기도 가장 활기찰 때이므로 이 시기를 추천합니다. 좋은 첫인상을 남긴 후, 12월까지 입학 담당자들에게 이메일을 꾸준히 보내며 자기를 어필하는 것도 중요합니다.

입학 과정에서 가장 중요한 것은 인터뷰입니다. 다른 요소들도 중요하지만, 인터뷰가 결정적인 역할을 합니다. 제 조언은 정형화된 답변을 외우는 것이 아니라, 자신을 구조적으로 정리하여 이야기할 수 있도록 준비하는 것입니다. 성격, 관심사, 배경 이야기 등으로 답변을 분류하여 정리하고, 자신에 대해 최대한 많은 내용을 글로 정리한 후 이를 체계적으로 구조화하는 것이 중요합니다. 즉흥적으로 답변할 수 있도록 연습하되, 충분한 연습을 통해 후회가 남지 않도록 해야 합니다.

저는 SSAT 시험을 보며 많은 시행착오를 겪었습니다. 첫 번째 시험은 서필드 아카데미(Suffield Academy)에서 응시했는데, 뉴잉글랜드에서 인터뷰 투어 중 시험을 보았기 때문에 준비가 부족했습니다. 인터뷰 준비에 집중하느라 성적이 좋지 않았고, 더 열심히 공부해야겠다는 동기부여가 되었습니다. 두 번째 시험에서는 너무 무리한 결과로 시험 중 코피가 났습니다. 건강 관리의 중요성을 실감했고, 세 번째 시험의 실수를 만회하기 위해 다시 응시했습니다. 마지막 시험은 컴퓨터로 보았고, 가장 높은 점수가 나와서 이 점수를 최종 제출하였습니다.

합격 후에는 더 많은 경험을 하는 것이 중요하다고 생각합니다. 저는 수학을 꾸준히 공부하고, 독서도 많이 했습니다. 보딩스쿨은 하크니스 테이블(Harkness Table) 방식으로 토론식 수업을 진행하기 때문에, 발표나 토론에 자신이 없다면 미리 연습하는 것이 좋습니다. 체력적으로도 힘들 수 있으므로, 운동을 통해 기초 체력을 길러두는 것도 중요합니다.

보딩스쿨에서는 스스로 먼저 다가가는 것이 매우 중요합니다. 기회는 기다리는 것이 아니라, 직접 잡아야 합니다. 보딩스쿨에는 열정적인 학생들이 모여 있어, 모두 같은 기회를 두고 경쟁하게 됩니다. 하지만 기회를 얻기 위해서는 주도적으로 나서야 하며, 적극적인 태도를 보여야 합니다. 그렇지 않으면, 단순히 학점만 좋은 아시아 학생으로 머무를 수도 있습니다.

보딩스쿨에서의 4년은 짧습니다. 최대한 많은 경험을 하고, 새로운 도전을 즐기세요. SSAT 공부는 새로운 장을 여는 첫걸음입니다. 열심히 공부하고, 노력한 만큼 빛나는 경험들이 기다리고 있을 것입니다.

여러분들의 꿈을 응원합니다!

한세희의

SSAT
VERBAL

SSATKOREA.COM

VERSE
PROSE

SSAT VERBAL
SYNONYMS

SYNONYM STRATEGIES

Verbal Section 소개

Verbal Section은 가장 어렵게 느껴지지만, 동시에 전략적으로 가장 유리할 수 있는 섹션입니다. 이 파트에서 어휘력은 기본이지만, 고득점의 열쇠는 'Educated Guessing(지식에 기반한 추측)'과 이를 활용한 Elimination Strategy(선택지 제거 전략)를 얼마나 효과적으로 구사하느냐에 달려 있습니다. 따라서 실질적인 점수 향상을 위해서는 어휘력을 지속적으로 확장하는 한편, 대담하면서도 논리적인 추론 중심의 문제 풀이 연습을 꾸준히 병행해야 합니다.

문제구성

Verbal Section은 총 30분 동안 한 섹션만 진행되며, 총 60문제가 출제됩니다. 구성은 Synonyms(동의어 찾기) 30문제와 Analogies(단어 간 유사 관계 찾기) 30문제로 이루어져 있습니다. 모든 문항은 정답 시 1점을 획득하며, 오답 시 0.25점이 감점됩니다. 무응답은 감점 없이 0점으로 처리됩니다.

SSAT는 학년에 따라 Elementary(3–4학년), Middle(5–7학년), Upper(8–11학년)로 구분되며, 각 레벨 내 학생들은 동일한 시험지를 봅니다. 성적은 절대평가가 아닌, 같은 학년과 성별의 집단 내에서 퍼센타일로 산출됩니다. 예를 들어 Upper Level에서는 8학년 학생이 전략적으로 접근해도 높은 성적을 받을 수 있지만, 11학년은 더 높은 정답률이 요구됩니다.

Verbal Section은 단순한 어휘력뿐 아니라, 논리적 사고력과 시간 관리 능력, 그리고 전략적인 문제 접근이 중요한 성공 요소입니다.

Synonyms 동의어 찾기

Verbal Section의 1번부터 30번까지는 제시된 보기 중 가장 유사한 의미를 찾는 Synonyms(동의어) 문제로 구성됩니다. 어휘를 일정 수준 이상 익힌 후에도 문제 풀이 경험이 부족하면 정답 선택에 어려움을 겪을 수 있습니다. 따라서 어휘력 향상과 함께 실전 문제 풀이를 병행하는 것이 고득점의 핵심 전략입니다.

1 Synonyms 문제 푸는 방법

① 문제로 제시된 대문자로 된 단어의 의미를 찾습니다.

② 단어의 뜻과 품사를 파악합니다.

③ 보기 중 같은 뜻의 단어를 고르기 위해 보기를 꼼꼼히 끝까지 살핍니다.

④ 보기 중에 생각했던 뜻을 가진 단어가 없으면 단어의 다른 뜻을 생각해 봅니다.

⑤ 다시 보기를 보고 꼼꼼히 살펴 답을 고릅니다.

Directions: Each of the following questions consists of one word followed by five words or phrases. You are to select the one word or phrase meaning is closest to the word in capital letters.

Sample Question:

Example

DEXTEROUS:

(A) amiable
(B) resentful
(C) careless
(D) famous
(E) adept

위에서 제시된 문제 DEXTEROUS는 '솜씨 좋은'이란 뜻입니다. 이와 같은 뜻을 가진 단어를 고르면 답은 (E) adept가 되죠.

그 외에 Synonyms Section에서 고득점을 받기 위해서는 반드시 다음과 같은 사항을 주의해야 합니다.

2 효과적인 Synonyms 공략법

① 기본은 어휘력입니다

Verbal Section에서는 무엇보다 어휘력이 관건입니다. 특히 전후좌우의 context가 전혀 제공되지 않는 synonyms 문제는 기본적인 어휘력이 뒷받침되지 않으면 가장 어려움을 겪게 되는 부분이에요. 따라서 처음 SSAT를 공부하기 시작하는 학생들에게는 가장 어렵게 여겨지는 section이기도 하죠. 물론 SSAT 전반에 걸쳐 어휘력은 크게 당락을 좌우하는 요건이지만 특히 Verbal Section는 점수와 직결되는 부분이니 중요 어휘를 중심으로 꾸준히 어휘량을 늘려주어야 합니다. 이 책의 Vocabulary Part를 참고하여 빈출 어휘 단어 pool을 효과적으로 넓혀 나가도록 하세요.

② 사전적인 정의에 따릅니다

Verbal Section에서 공통으로 적용되는 사항이에요. 단어를 판단하는 기준은 사전적인 정의입니다. 본인이 외웠던 리스트의 한글 뜻이나 단어의 대체적인 분위기를 막연히 떠올리려고 하지 말고 그 단어를 사전에서 찾을 때 나올 만한 사전적인 정의를 제일 먼저 떠올려야 합니다.

③ 제시된 단어가 일반적인 뜻이 아닐 수도 있음을 명심해야 합니다.

Example

DEXTEROUS:

(A) a sacred place
(B) a group of fish
(C) a swarm of bees
(D) a group of actors
(E) a member of Parliament

문제는 school과 같은 뜻의 단어를 찾는 것이므로 당연히 대부분의 학생이 school을 '학교'라는 뜻으로 떠올리게 되죠. 물론 사전에 그렇게 명시되어 있기도 하고요.

school
n. An institution for the instruction of children or people under college age

그러나 보기 중에 일반적인 'school'과 같은 의미의 단어가 없다는 것을 알게 되면 당황하게 되죠. 이럴 때 당황하지만 말고 이런 방향으로 생각해 보세요.

'school에 보기 중에 나올 만한 다른 뜻이 있나?'

SSAT에서는 우리가 알고 있는 단어의 일반적인 의미 외에도 세부적인 의미, 문어체적인 의미 등을 묻는 문제들이 다수 등장합니다. 이 문제도 마찬가지예요. 사전을 보면 school이 다른 뜻으로도 나와 있는 것을 알 수 있어요.

school
n. A large group of aquatic animals, especially sh, swimming together; a shoal

그러므로 여기서 답은 (B) a group of sh '물고기 떼'이지요. school은 위에 나온 대로 shoal이라는 동의어도 가져요.

④ 앞에서부터 뒤로 갈수록 어려워집니다

시험 자체가 여러 학년이 한 시험지로 보기 때문에 앞쪽에는 해당 학년 중 낮은 학년 학생들까지도 다 풀 만한 문제들이, 뒤로 갈수록 고학년 학생에게 해당하는 문제들이 배열되어 있어요. 그러므로 뒤부터 문제를 풀어나가는 버릇이 있는 학생들도 SSAT는 앞에서부터 풀도록 하세요.

Example

ABDICATE:

(A) epitome
(B) loyalty
(C) resign
(D) truthful
(E) clear

앞쪽에는 이 정도 수준의 단어들이 나옵니다. 문제 단어만 약간 까다로울 뿐이고, 보기의 단어들 수준은 매우 평이합니다.

Example

DILAPIDATED:

(A) mortified
(B) ambled
(C) annihilated
(D) meander
(E) unfathomable

그러나 뒤로 가면 문제뿐만 아니라 보기에 있는 단어 역시 어려워집니다. 게다가 guessing 하기도 점차 어려워지므로 신중하게 풀어야 하죠.

앞의 문제든 뒤의 문제든 똑같이 맞으면 1점, 틀리면 1/4점 감점, 안 풀면 0점이에요. 따라서 어려운 문제에서 계속 시간을 지체하면서 고민하지 말고 풀 수 있는 다음 문제들을 먼저 풀고 돌아오는 것이 현명합니다. 이럴 때도 물론 앞에서부터 차근차근 풀어나가도록 하세요.

⑤ Educated-Guessing이 가능합니다

다소 추측이 필요한 영역이긴 하지만, 자신이 알고 있는 단어들을 활용해 Educated Guessing (지식에 기반한 추측)을 할 수 있습니다. 이는 단순히 동의어(synonyms) 문제를 푸는 데에만 그치지 않고, 영어 전반에서 어휘력을 향상시키는 데에도 매우 효과적인 방법입니다.

❸ Synonyms을 풀 때 알아야 할 Educated-Guessing 방법

① Prefix 접두사 / Root 어근 / Suffix 접미사 분석

Example

EUPHONIOUS

CACOPHONOUS

먼저 제시된 단어 안에 알고 있는 뜻이 있는지 꼼꼼히 살핍니다. 예를 들어 phone이라는 단어가 소리, 즉 sound라는 뜻을 갖는다는 것을 안다면 phone이라는 단어가 포함된 euphonious/cacophonous 등이 '소리'와 관련된 단어인 것을 추론할 수 있겠죠.

먼저 두 단어의 prefix를 살펴보도록 하죠. euphonious의 eu-는 good이라는 뜻의 긍정적인 의미를 지닌 prefix예요. 반면 caco-는 bad라는 부정적인 의미를 지닌 prefix죠. 가운데 부분의 phone은 sound라는 뜻에서 기원한 root이고요(ex. telephone전화 = tele먼 거리 + phone소리).

또, 끝부분의 -ous는 형용사 형태를 만드는 대표적인 suffix로 단어 뜻은 모르더라도 이 단어가 형용사인 것은 판단할 수 있게 해줍니다.

Example

euphonious

= eu-(good) + phone(sound) + -ous
adj. pleasing or agreeable to the ear
소리가 감미로운, 잘 어울리는

Example

cacophonous

= caco-(bad) + phone(sound) + -ous
adj. having a harsh, unpleasant sound; discordant
소리가 잘 안 맞는, 불협화음의

이처럼 단어를 Prefix 접두사, Root 어근, Suffix 접미사로 나누어 분석하는 것은 매우 효과적인 추론 방법입니다. 이런 방식은 모르는 단어를 유추할 때 큰 도움이 될 뿐만 아니라, 어휘력을 체계적으로 확장시키는 데에도 유익합니다.

② +/- (positive/negative) 분석

> **Example**
>
> **BENEVOLENT:**
>
> (A) good-willed
> (B) malevolent
> (C) disgusting
> (D) misdemeanor
> (E) antipathy

단어의 정확한 뜻을 몰라도 의미의 방향성, 즉 Positive/Negative 긍정/부정의 뉘앙스를 파악해서 추론할 수 있는 방법이 있어요. 위의 문제에서 bene- → 좋은 (positive)/ mal- → 나쁜 (negative)/ dis-, mis-, anti- → 부정, 반대, 잘못된 (대체로 negative) 로 단어의 의미를 추측할 수 있습니다. 이러한 정보로 보기의 단어들을 Positive와 Negative로 나눌 수 있어요.

문제에서 제시된 단어가 benevolent라면, 접두사 bene-가 긍정적인 의미를 담고 있으니, 답 역시 Positive한 단어여야 하겠죠. 따라서 보기 중에서 같은 Positive한 의미를 가진 (A) good-willed가 정답이 되는 거예요.

> **BENEVOLENT [+]**
>
> (A) good-willed   [+]
> (B) malevolent   [-] * mal-: bad
> (C) disgusting   [-] dis-: opposite, bad
> (D) misdemeanor   [-] mis-: false, bad
> (E) antipathy   [-] anti-: opposite, hostile

이처럼 Synonym 동의어를 찾는 문제에서는, 단어의 정확한 뜻을 몰라도 의미의 방향성, 즉 Positive/Negative charge 긍정/부정의 뉘앙스를 파악해서 추론 할 수 있는 방법이 있어요.

위의 문제에서 bene-, mal-, dis-, mis-, anti- 같은 접두사들은 각각 특정한 감정이나 의미를 전달하죠: bene- → 좋은, 선의의 (positive)/ mal- → 나쁜, 악의적인 (negative)/ dis-, mis-, anti- → 부정, 반대, 잘못된 (대체로 negative) 로 단어의 의미를 추측할 수 있습니다. 이러한 정보를 알고 있다면, 보기의 단어들을 Positive group과 Negative group으로 나눌 수 있어요.

문제에서 제시된 단어가 benevolent라면, 접두사 bene-가 긍정적인 의미를 담고 있으니, 답 역시 positive한 단어여야 하겠죠. 따라서 보기 중에서 같은 positive한 의미가 있는 (A) good-willed가 정답이 되는 거예요.

③ 품사 분석

> **Example**
>
> **ORIGINAL:**
>
> (A) fidelity
> (B) literally
> (C) Idiosyncrasy
> (D) authentic
> (E) horrify

이 방법은 단어의 품사, 특히 Suffix 접미사의 형태를 활용해 추측하는 전략이에요. 예를 들어, 문제의 제시어인 ORIGINAL을 보면, 단어 끝에 –al이라는 접미사가 붙어 있죠. 이 –al은 보통 형용사(adj.), 즉 '~의'라는 의미의 경우가 많아요.

ORIGINAL	
(A) fidelity	-al: 형용사 adjective
(B) literally	-ity: 명사 noun
(C) idiosyncrasy	-ly: 부사 adverb
(D) authentic	-sy: 명사 noun
(E) horrify	-ic: 형용사 adjective
	-fy: 동사 verb

이렇듯 단어 끝부분의 Suffix를 활용해 같은 품사의 단어를 찾아내는 방법도 아주 유용한 전략이에요.

Synonym(동의어) 문제에서는 의미뿐 아니라 품사도 일치해야 하기 때문에, 이 기준을 적용하면 훨씬 더 정확한 지식 기반 추론이 가능해집니다.

문제의 제시어가 형용사인 original이라면, 정답도 형용사여야 하죠. 보기 중에서 (D) authentic은 '진짜의, 진품의'라는 뜻을 가진 형용사(adj.)이므로, 의미상도 유사하고 품사도 일치하니 가장 적절한 답이 되는 거예요.

이처럼 품사 일치는 자주 간과되지만, 실제 시험에서는 매우 중요한 단서가 될 수 있어요.

④ Antonyms(반의어) 제거를 이용한 방법

SSAT Synonyms 문제에서는 정반대 의미의 Antonyms 반의어가 보기 속에 자주 등장합니다. 따라서 정답을 바로 찾으려 하기보다, 반대 의미의 선택지를 먼저 제거하면 남은 보기에서 정답을 더 쉽게 고를 수 있습니다.

MITIGATE:

(A) worsen
(B) alleviate
(C) aggravate
(D) prune
(E) intensify

mitigate는 접두사 miti– 는 '부드럽게 하다, 줄이다'라는 뜻이고, mitigate의 정확한 뜻은 '완화하다, 경감하다'예요. 그럼 보기 중 '세거나 심해지는' 의미인 단어들을 먼저 제거할까요? (A) worsen 나쁘게 만들다, (C) aggravate 악화시키다, (E) intensify 심하게 만들다, 이 세 개의 반의어를 제거하면, 정답 후보는 (B) alleviate와 (D) prune만 남아요. 이 중 가벼움을 뜻하는 'lev'가 들어간 '(B) alleviate 완화시키다'가 정답입니다.

의미를 모르더라도 어근/접두사로 의미를 추측한 뒤 반대 의미 보기부터 제거하고 품사와 의미가 모두 같은 보기 선택을 하는 식으로 오답을 제거하면 정확도도 높이고 시간도 절약할 수 있어요.

5 비슷한 뜻의 단어가 두 개 이상 있으면 먼저 제거하기

SSAT Synonyms 문제에서 보기 중 두 개 이상의 단어가 비슷한 의미가 있을 경우, 이들을 먼저 제거하면 정답을 더 쉽게 찾을 수 있습니다. 출제자는 종종 혼동을 유도하기 위해 비슷한 뜻을 가진 두 개의 단어를 보기에 포함시키는데, SSAT 동의어 문제는 하나의 정답만 존재하기 때문에 두 개가 모두 정답일 가능성은 없습니다. 이렇게 하면 혼동을 줄이고 시간을 단축할 수 있어, 문제 풀이에 집중하는 데 도움이 됩니다.

HASTY:

(A) quick
(B) careless
(C) rapid
(D) judicious
(E) venturesome

먼저 문제의 단어를 정확히 몰라도 보기에 비슷한 단어가 있는지 확인하고, 비슷한 뜻을 가진 단어가 두 개 이상이면, 정답일 가능성이 낮으므로 먼저 제거합니다. 나머지 단어들 중에서 정답을 유추하면 됩니다.

Why should we learn words through their etymology?

Many English words come from Latin or Greek roots, and knowing these roots can help us figure out the meanings of lots of other words. Plus, studying etymology helps us understand the subtle differences between words, giving us a richer and more precise vocabulary. When we know where words come from, we can use them more accurately and effectively in both writing and speech. This accuracy makes our communication clearer and more persuasive, whether we're writing descriptive pieces like novels or essays that need to express complex ideas concisely. For example, understanding the difference between "sympathy" and "empathy" helps us pick the right word for the situation, making our communication clearer.

In this guide, I've organized fundamental English vocabulary roots—derived from both Greek and Latin prefixes, roots, and suffixes—in alphabetical order. To maintain simplicity and prevent excessive detail, I've combined Greek and Latin elements without distinguishing between them. This curated approach aims to help you effectively internalize English vocabulary for the SSAT.

Dive in and watch your vocabulary grow rapidly through etymology!

Prefixes and Roots 01

Prefixes and Roots	Meaning	Words		
A	without	**amorphous**	shapeless	형태가 없는
		asymmetry	imbalance	비대칭, 불균형
		anarchy	chaos	무정부 상태, 무질서
		anomalous	atypical	비정상의, 변칙적인
		anonymous	incognito	익명의, 이름을 모르는
		anesthetic	sedative	마취제, 진정제
AB ABS	away	**abduct**	kidnap	유괴하다, 납치하다
		abnormal	unusual	비정상적인, 이상한
		abscond	flee	도주하다, 자취를 감추다
		abstemious	restrained	절제하는, 금욕적인
ACR	sharp	**acrid**	bitter	신랄한, 매운
		acrimony	rancor	악감정, 신랄함
		acute	sharp	예리한, 급성의

Synonyms Quiz 01

1. AMORPHOUS: (A) lovely (B) shapeless (C) laconic
(D) obtuse (E) mortal

2. ANOMALOUS: (A) atypical (B) rare (C) confident
(D) keen (E) mundane

3. ABSCOND: (A) repudiate (B) flee (C) designate
(D) loom (E) snoop

4. ABDUCT: (A) praise (B) evacuate (C) lengthen
(D) kidnap (E) rescind

5. ACUTE: (A) sharp (B) alienated (C) arid
(D) exclusive (E) trite

Prefixes and Roots 02

Prefixes and Roots	Meaning	Words		
AD	**toward**	**alleviate**	relieve	덜다, 완화시켜주다
		advocate	supporter	옹호자, 지지자
		abbreviate	shorten	줄이다, 축약하다
		aggravate	worsen	악화시키다
AMBI	**both**	**amphibian**	a cold-blooded vertebrate	양서류
		ambiguous	uncertain	불확실한, 모호한
		ambivalent	contradictory	반대 감정이 공존하는
	around	**ambiance**	atmosphere	분위기, 환경
		amphitheater	arena	원형극장
AMBLE	**walk**	**ambulate**	saunter	걷다, 산책하다
		ambulance	emergency vehicle	구급차
		somnambulist	sleepwalker	몽유병자
ANN	**year**	**annals**	historical records	연대기, 기록
		annual	yearly	매년의, 연간의
		perennial	enduring	다년생의, 지속되는

Synonyms Quiz 02

1. AMBIVALENT: (A) languid (B) reflective (C) humble (D) parched (E) contradictory

2. PERENNIAL: (A) enduring (B) lenient (C) autonomous (D) damp (E) withered

3. ADVOCATE: (A) antagonist (B) vagabond (C) supporter (D) foe (E) pariah

4. AMBIGUOUS: (A) aimless (B) unkempt (C) uncertain (D) neglected (E) avid

5. ALLEVIATE: (A) soothe (B) alter (C) inhabit (D) occupy (E) trim

Prefixes and Roots 03

Prefixes and Roots	Meaning	Words		
ANA	up again	**anachronistic**	out of place	시대착오적인, 구식의
		anatomy	dissection	해부, 해부학
		analysis	examination	검토, 평가
AMI	friend	**amiable**	affable	쾌활한, 친근한
		amicable	friendly	우호적인, 원만한
		amity	friendship	우호, 친선
		inimical	hostile	적대적인, 해로운
ANIMUS	spirit	**animosity**	hostility	반감, 적대감
		magnanimous	generous	마음이 넓은, 관대한
		unanimous	united	만장일치의
		animated	spirited	활기찬, 생기 넘치는
ANTHROP	human	**anthropology**	study of humans	인류학
		philanthropist	benefactor	자선가, 박애주의자

Synonyms Quiz 03

1. ANIMATED: (A) palpable (B) spirited (C) demanding (D) showy (E) savory

2. PHILANTHROPIST: (A) flutist (B) pedestrian (C) veteran (D) benefactor (E) guile

3. UNANIMOUS: (A) united (B) discordant (C) blurry (D) pitiful (E) tasty

4. MAGNANIMOUS: (A) weighty (B) shrewd (C) kinetic (D) generous (E) crispy

5. ANIMOSITY: (A) cunning (B) hostility (C) rendezvous (D) adoration (E) falsehood

Prefixes and Roots	Meaning	Words		
APO	from away	apostate	heretic	배교자, 이단자
		apocryphal	doubtful	의심스러운, 불확실한
		apogee	peak	최고점, 정점
		apology	excuse	변명, 유감
ANTE ANTI	before	antecedent	prior	이전의, 선행된
		anterior	fore	앞쪽의, 앞의
		anticipate	foresee	기대하다, 예상하다
		antiquated	obsolete	구식의, 낡은
ANTI	against	antagonist	opponent	적대자, 반대자
		antipathy	aversion	적대감, 반감
		anticlimax	letdown	실망스러운 결말
		antithesis	opposite	정반대, 대조
AVERE	desire	avarice	greed	탐욕, 욕심
		avaricious	rapacious	욕심많은, 탐욕스러운
		avow	affirm openly	공언하다, 고백하다
AVIDUS	eager greedy	avid	eager	열렬한, 열심인
		avidity	keenness	열렬함, 열심

Synonyms Quiz 04

1. ANTIQUATED: (A) obsolete (B) successive (C) cognitive
(D) incredulous (E) reliable

2. ANTAGONIST: (A) rapport (B) vandalism (C) opponent
(D) pagan (E) reparation

3. APOCRYPHAL: (A) hospitable (B) analogous (C) sublime
(D) doubtful (E) vicious

4. ANTERIOR: (A) fore (B) concurrent (C) diffident
(D) ingenious (E) lackluster

5. ANTITHESIS: (A) compassion (B) opposite (C) assimilation
(D) lampoon (E) remuneration

Prefixes and Roots 05

Prefixes and Roots	Meaning	Words		
BIO	life	**biology**	study of life	생물학
		symbiosis	mutualism	공생, 협동 관계
		autobiography	memoir	자서전
BELL	war	**belligerent**	hostile	호전적인, 싸우기 좋아하는
		bellicose	combative	호전적인
		antebellum	prewar	(남북)전쟁 이전의
		rebel	insurgent	반역자
		rebellion	revolt	반란, 폭동
BENE	good	**benevolent**	charitable	자비로운, 자선을 베푸는
		benign	kind	온화한, 양성의
		benefit	advantage	이익, 혜택
		benefactor	patron	자선가, 후원자
		beneficial	helpful	도움이 되는 , 유익한
		benediction	blessing	축복, 축도

Synonyms Quiz 05

1. BENEFICIAL:
(A) helpful
(B) serene
(C) forceful
(D) tireless
(E) jaded

2. BENEVOLENT:
(A) tight
(B) charitable
(C) insightful
(D) long
(E) fatigued

3. REBEL:
(A) insurgent
(B) breeze
(C) obedience
(D) ratio
(E) jubilee

4. BENEDICTION:
(A) annex
(B) blessing
(C) anathema
(D) linguistics
(E) disgrace

5. BELLIGERENT:
(A) rural
(B) hostile
(C) placid
(D) naive
(E) permissive

Prefixes and Roots 06

Prefixes and Roots	Meaning	Words		
BIBLIO	**book**	**bibliography**	reference list	참고 문헌 목록
		bibliophile	book lover	애서가
BREV	**short**	**brevity**	conciseness	간결함, 짧음
		brief	succinct	짧은, 간결한
		abbreviate	shorten	줄이다, 축약하다
CAND	**to hold**	**candid**	frank	솔직한, 직설적인
		candor	honesty	솔직함, 정직함
		candidate	applicant	후보자, 지원자
CANT	**to sing**	**cantata**	choral work	칸타타, 성악곡
		incantation	spell	주문, 마법
		recant	retract	(진술을) 철회하다, 취소하다
CAP CEP	**to hold**	**incipient**	initial	초기의, 발단의
		perceptible	noticeable	감지 할 수 있는, 인지할 수 있는
		susceptible	vulnerable	쉽게 영향 받는, 취약한

Synonyms Quiz 06

1. INCANTATION: (A) preface (B) deficiency (C) analogy
(D) spell (E) caution

2. INCIPIENT: (A) impending (B) haphazard (C) aimless
(D) conspicuous (E) initial

3. RECANT: (A) retract (B) succumb (C) dissect
(D) scorn (E) emergent

4. SUSCEPTIBLE: (A) suave (B) vulnerable (C) tactful
(D) concise (E) affable

5. PERCEPTIBLE: (A) taut (B) prone (C) noticeable
(D) splendid (E) callous

Prefixes and Roots 07

Prefixes and Roots	Meaning	Words		
CAPIT	**head**	**captain**	commander	선장, 주장
		capital	principal	주요한, 수도
		capitol	statehouse	국회의사당, 주 의사당
		capitulate	surrender	항복하다, 굴복하다
		per capita	per person	1인당
		capstone	culmination	정점, 쌓기의 마무리 돌
		recapitulate	summarize	요약하다, 개요를 말하다
CARN	**flesh body**	**carnage**	massacre	대학살
		carnivorous	meat-eating	육식성의
		incarnation	embodiment	화신, 현신
CHRON	**time**	**chronological**	sequential	시간 순서대로 된
		chronic	persistent	만성적인
		chronicle	account	연대기
		synchronous	simultaneous	동시에 일어나는

Synonyms Quiz 07

1. SYNCHRONOUS:
(A) affluent
(B) radiant
(C) lethargic
(D) cogent
(E) simultaneous

2. CAPITULATE:
(A) call for
(B) polish anew
(C) surrender
(D) win over
(E) turn down

3. CARNIVOROUS:
(A) meat-eating
(B) all-eating
(C) plant-eating
(D) carnival
(E) abridged

4. CHRONIC:
(A) persistent
(B) banal
(C) awkward
(D) hackneyed
(E) mandatory

5. INCARNATION :
(A) employment
(B) embodiment
(C) embracement
(D) empowerment
(E) acuity

Prefixes and Roots	Meaning	Words		
CEDE	to go forward	**accede**	consent	동의하다, 응하다
		antecedent	predecessor	선행 사건, 선조
		concede	admit	인정하다
		exceed	surpass	초과하다, 넘다
		precedent	example	전례, 선례
		unprecedented	unmatched	전례 없는, 유례 없는
		secede	withdraw	탈퇴하다, 분리하다
		recede	retreat	후퇴하다, 물러나다
CELER	speed	**celerity**	velocity	속도, 속력
		accelerate	speed up	속도를 올리다, 가속하다
		decelerate	slow down	속도를 내리다, 감속하다
CENTR CENTRE	center	**eccentric**	idiosyncratic	별난, 기이한
		central	core	중심의, 중앙의
		egocentric	selfish	이기적인, 자기중심적인
		heliocentric	Sun-centered	태양을 중심으로 하는

Synonyms Quiz 08

1. CONCEDE: (A) ebb (B) command (C) visit
(D) admit (E) surrounded

2. ECCENTRIC: (A) philanthropic (B) idiosyncratic (C) ambivalent
(D) antagonistic (E) provisional

3. UNPRECEDENTED: (A) enormous (B) powerful (C) unparalleled
(D) weighty (E) redundant

4. RECEDE: (A) retreat (B) separate (C) lower
(D) designate (E) splice

5. ANTECEDENT: (A) predecessor (B) occasion (C) enticement
(D) median (E) boundary

Prefixes and Roots 09

Prefixes and Roots	Meaning	Words		
COGN	**to know**	**acquaintance**	familiarity	아는 사람, 친분
		diagnose	identify	진단하다
		prognosticate	predict	예측하다, 예언하다
		incognito	disguised	신분을 숨기고, 가명으로
CRED	**to believe to trust**	**credible**	believable	믿을 만한
		credit	acknowledgment	신용, 신뢰
		credentials	certifications	자격, 자격증
		credulous	gullible	잘 속는, 속기 쉬운
		creed	doctrine	신조, 신념
CUR	**to run**	**incur**	arouse	(상황을) 초래하다
		concur	agree	동의하다, 동시에 일어나다
		discourse	discussion	토론, 강연
		discursive	rambling	산만한, 두서없는
		cursory	perfunctory	대충하는, 피상적인
		precursor	forerunner	선구자, 전조

Synonyms Quiz 09

1. INCOGNITO:

(A) illustrated   (B) adroit   (C) dogmatic
(D) lingering   (E) disguised

2. CREDULOUS:

(A) reliable   (B) optimistic   (C) biased
(D) gullible   (E) astounding

3. CURSORY:

(A) sizable   (B) deleterious   (C) perfunctory
(D) trifling   (E) benign

4. CREED:

(A) fickleness   (B) cantata   (C) doctrine
(D) lethargy   (E) bedlam

5. DISCURSIVE:

(A) rambling   (B) incendiary   (C) diaphanous
(D) analogous   (E) reprehensible

Prefixes and Roots 10

Prefixes and Roots	Meaning	Words		
CIRCU CIRCUM	around	**circuit**	route	순환, 회로
		circuitous	roundabout	우회하는, 돌아가는
		circumference	perimeter	원의 둘레, 원주
		circumspect	cautious	신중한, 조심하는
		circumscribe	confine	제한하다, 경계를 긋다
		circumstance	situation	정황, 상황
CID CIS	to kill to cut	**pesticide**	herbicide	살충제, 농약
		concise	brief	간결한, 명료한
		incisive	sharp	예리한, 날카로운
CIP	steep	**precipice**	cliff	절벽, 벼랑
		precipitate	cause	촉발시키다, 일어나게 하다
		precipitation	downpour	강수, 강우
		precipitous	steep	가파른, 급격한

Synonyms Quiz 10

1. CIRCUMSPECT: (A) compulsory   (B) cautious   (C) spectacle
(D) perilous   (E) meager

2. PRECIPITATION: (A) serenity   (B) motive   (C) downpour
(D) objective   (E) nostalgia

3. CONCISE: (A) wordy   (B) deficient   (C) brief
(D) convincing   (E) humble

4. INCISIVE: (A) sharp   (B) grave   (C) alarming
(D) routine   (E) shriveled

5. PRECIPITATE: (A) jumble   (B) heed   (C) cause
(D) applaud   (E) manipulate

Prefixes and Roots 11

Prefixes and Roots	Meaning	Words		
CLAM	to shout	**disclaim**	disavow	부인하다, 포기하다
		proclaim	announce	선언하다, 선포하다
		reclaim	retrieve	되찾다, 회수하다
		clamor	uproar	소란, 떠들썩함
CLUD CLUS	to close to shut	**preclude**	prevent	배제하다
		recluse	hermit	은둔자
		seclusion	isolation	격리, 은둔
CODE	systems of letters	**encode**	encrypt	암호화시키다
		decode	decipher	암호를 풀다
CO COM	together	**collaborate**	cooperate	협력하다
		congregate	assemble	모이다
		congruent	consistent	일치하는, 합동의
CONTRA	against opposite	**contraband**	smuggling	밀수품
		contradict	deny	부정하다, 반박하다
		contravene	transgress	위반하다

Synonyms Quiz 11

1. RECLUSE:
(A) hermit   (B) egress   (C) proclivity
(D) cower   (E) incognito

2. COLLABORATE:
(A) oblige   (B) celebrate   (C) corroborate
(D) cooperate   (E) undercover

3. CONTRABAND:
(A) earmark   (B) smuggling   (C) characteristic
(D) accomplice   (E) infamy

4. DECODE:
(A) acquire   (B) decipher   (C) debunk
(D) veil   (E) disguise

5. CONTRAVENE:
(A) deduce   (B) ooze   (C) transgress
(D) era   (E) thaw

Prefixes and Roots	Meaning	Words		
CORD	**heart**	**accord**	agreement	일치
		concord	unity	화합
		discord	conflict	불화, 불일치
		cordial	sincere	다정다감한
CORP	**body**	**corps**	squad	군단
		corpse	dead body	시체
		corporal	bodily	신체의, 육체의
		corpulent	obese	뚱뚱한
		incorporate	integrate	통합하다
		corporation	company	기업, 법인
CRACY	**sin**	**culpable**	blameworthy	비난받을 만한, 유죄의
		culprit	perpetrator	범인, 죄인, 가해자
		inculpate	implicate	죄를 씌우다, 연루시키다
		exculpate	acquit	무죄를 입증하다

Synonyms Quiz 12

1. ACCORD: (A) agreement (B) journal (C) analysis
(D) muffler (E) fatigue

2. DISCORD: (A) conflict (B) aristocratic (C) untimely
(D) opportune (E) ornery

3. INCORPORATE: (A) untie (B) originate (C) overwhelm
(D) integrate (E) groan

4. CORPULENT: (A) obese (B) dingy (C) haggard
(D) elaborated (E) cantankerous

5. CORDIAL: (A) dispirited (B) dispassionate (C) sarcastic
(D) petty (E) sincere

Prefixes and Roots 13

Prefixes and Roots	Meaning	Words		
DE	**down** **away**	**deface**	vandaliz	훼손하다, 손상시키다
		dejected	downcast	풀이 죽은, 실망한
		deposit	place	예금하다, 맡기다
		despise	disdain	경멸하다, 멸시하다
DI	**two**	**dichotomy**	duality	양분, 두개로 갈라짐
		diverge	deviate	갈라지다, 나눠지다
		dilemma	predicament	딜레마, 곤경
DIA	**through** **across**	**diagonal**	slanted	대각선의, 사선의
		diameter	breadth	직경, 원의 지름
		diaphanous	transparent	투명한, 비치는
DOC	**to teach**	**docile**	compliant	가르치기 쉬운, 유순한
		doctrine	tenet	교리, 정책
		document	record	문서, 기록
DOX	**belief** **opinion**	**orthodox**	accepted	정설의
		paradox	contradiction	패러독스

Synonyms Quiz 13

1. DOCILE:
(A) confidential (B) compliant (C) obstinate
(D) ostentatious (E) cranky

2. DOCTRINE:
(A) confidant (B) juxtaposition (C) obstinacy
(D) tenet (E) autonomy

3. DOCUMENT:
(A) profundity (B) opulence (C) record
(D) pedestrian (E) combat

4. DIAPHANOUS:
(A) transparent (B) aloof (C) distant
(D) weird (E) vicious

5. PARADOX:
(A) apologia (B) obituary (C) epic
(D) simile (E) contradiction

Prefixes and Roots	Meaning	Words		
DEMO	**people**	**democracy**	ruled by people	민주주의
		endemic	native	토착적인
		epidemic	widespread	널리 퍼진
DIC	**to speak**	**abdicate**	renounce	왕위에서 물러나다
		diction	wording	말투, 어법
		dictator	tyrant	독재자
		edict	decree	칙령, 포고령
		jurisdiction	extent of authority	관할권, 사법권
		valedictory	farewell address	졸업식 고별사
DIS	**away**	**disseminate**	disperse	흩뿌리다
		dissipate	dispel	흩어지다
DOMI	**home**	**domicile**	home	거주지, 주소
		dominion	sovereignty	지배권, 통치권
		indomitable	unconquerable	불굴의, 꿋꿋한
		predominant	prevailing	지배적인, 우세한

Synonyms Quiz 14

1. JURISDICTION:

(A) anathema (B) dressing (C) enigma
(D) authority (E) canon

2. DOMICILE:

(A) home (B) veneration (C) vindication
(D) laceration (E) mortification

3. DISSEMINATE:

(A) mourn (B) dissent (C) groan
(D) disperse (E) adapt

4. ABDICATE:

(A) terminate (B) eulogize (C) renounce
(D) elongate (E) illuminate

5. EDICT:

(A) decree (B) fusion (C) null
(D) vex (E) regal

Prefixes and Roots 15

Prefixes and Roots	Meaning	Words		
EN	to cause a person to be in	**endow**	bestow	기부하다, 주다
		enclose	encircle	(울타리로) 둘러싸다, 에워싸다
		endorse	approve	지지하다, 승인하다
		enlighten	educate	계몽하다, 가르치다
		enrich	enhance	풍부하게 하다, 강화하다
EPI	over around	**epidermis**	skin	표피, 외피
		ephemeral	short-lived	수명이 짧은, 잠깐 지속되는
		epitome	quintessence	모범, 완벽한 예
EQU	equal	**equanimity**	composure	침착, 평정
		equilibrium	balance	평형, 균형
		equity	fairness	공평, 공정
		equitable	fair	공정한, 공평한
		equivalent	equal	동등한, 같은
		equivocal	vague	모호한, 애매한
		inadequate	insufficient	불충분한

Synonyms Quiz 15

1. EQUIVOCAL:
(A) fair   (B) cagey   (C) meritorious
(D) vague   (E) whimsical

2. EQUILIBRIUM:
(A) property   (B) balance   (C) euphemism
(D) appraisal   (E) totem

3. EQUITABLE:
(A) fair   (B) incorrigible   (C) hilarious
(D) authentic   (E) gluttonous

4. EPITOME:
(A) contrition   (B) handcuffs   (C) paragon
(D) carousal   (E) cavern

5. EQUIVALENT:
(A) equal   (B) vague   (C) opportune
(D) unjustified   (E) incredulous

Prefixes and Roots 16

Prefixes and Roots	Meaning	Words		
EU	good well	**euphonious**	harmonious	좋은 소리의
		euphony	harmony	듣기 좋은 소리, 하모니
		eulogize	praise	찬양하다
		euphoria	ecstasy	황홀경
EX	out	**eccentric**	idiosyncratic	특이한, 유별난
		eclectic	varied	다양한, 다방면에 걸친
		egress	exit	출구
		erratic	unpredictable	불규칙한, 변덕스러운
		eradicate	obliterate	없애다
		escapade	prank	무모한 장난, 탈선
		exhale	breathe out	숨을 내쉬다, 내뿜다
		exceed	surpass	초과하다, 넘다
		exile	banish	추방하다, 유배시키다
		exotic	foreign	이국적인, 외래의
		extract	withdraw	추출하다, 뽑아내다
		extricate	liberate	구해내다, 해방하다

Synonyms Quiz 16

1. EUPHONY:
(A) dissonance   (B) apex   (C) harmony
(D) pollster   (E) genesis

2. EXILE:
(A) emulate   (B) repudiate   (C) surrender
(D) renounce   (E) banish

3. ECLECTIC:
(A) varied   (B) affable   (C) reserved
(D) cordial   (E) sanguine

4. ERADICATE:
(A) bestow   (B) mar   (C) peruse
(D) obliterate   (E) peruse

5. EULOGIZE:
(A) praise   (B) forfeit   (C) alter
(D) convert   (E) enlighten

Prefixes and Roots 17

Prefixes and Roots	Meaning	Words		
FAC **FIC**	**to make**	**facile**	easy	손쉬운
		proficient	skillful	유창한
		artifice	trickery	책략, 계략
		counterfeit	forged	위조의, 가짜의
		affectation	feint	가장, ～체함
		feasible	plausible	그럴듯한
		officious	nosy	참견하기 좋아하는
		prolific	fertile	열매를 많이 맺는, 다작의
		sufficient	enough	충분한
		deficient	inadequate	부족한
FER	**to carry**	**deferential**	respectful	존경하는
		fertile	fecund	비옥한
		inference	deduction	추론
		proliferate	increase quickly	대량 확산시키다
FERV	**to boil**	**fervid**	impassioned	열정적인, 뜨거운
		fervent	passionate	강렬한, 열정적인
		effervescent	bubbly	거품이 이는, 활기찬

Synonyms Quiz 17

1. FACILE:

(A) illustrious   (B) amicable   (C) easy
(D) virtuous   (E) ruthless

2. DEFICIENT:

(A) timid   (B) inadequate   (C) willful
(D) rambling   (E) specific

3. PROLIFIC:

(A) passionate   (B) celestial   (C) fertile
(D) faithful   (E) cordial

4. EFFERVESCENT:

(A) vile   (B) inane   (C) fluctuating
(D) emaciated   (E) bubbly

5. DEFERENTIAL:

(A) respectful   (B) inadvertent   (C) impecunious
(D) exotic   (E) holistic

Prefixes and Roots 18

Prefixes and Roots	Meaning	Words		
FID	loyal	**diffident**	timid	자신감이 없는
		fidelity	loyalty	충성심
		confide	divulge	비밀을 털어놓다
		confidant	close friend	(비밀도 털어놓는) 절친한 친구
		perfidy	treachery	배신
FIG	form	**figure**	shape	인물, 모습, 숫자
		figment	fabrication	허구, 꾸며낸 것
		figurative	metaphorical	비유적인, 상징적인
FIRM	inflexible	**firm**	steadfast	단단한, 확고한
		affirm	assert	단언하다, 확언하다
		confirm	verify	확인하다, 입증하다
FINI	end	**finale**	culmination	피날레, 대단원
		confine	restrict	제한하다, 가두다
		definite	explicit	확실한, 명확한
		definitive	conclusive	결정적인, 최종적인

Synonyms Quiz 18

1. PERFIDY:

(A) treachery (B) revoke (C) edifice
(D) observation (E) penalize

2. FIDELITY:

(A) token (B) circumference (C) integrity
(D) plagiarism (E) loyalty

3. FIGURATIVE:

(A) witty (B) humorous (C) metaphorical
(D) laudatory (E) tricky

4. FIGMENT:

(A) fabrication (B) mimicry (C) mortgage
(D) approval (E) homage

5. FINALE:

(A) caprice (B) splendor (C) magnificence
(D) culmination (E) guile

Prefixes and Roots 19

Prefixes and Roots	Meaning	Words		
FLAMMA	flame fire	**flammable**	inflammable	가연성의, 불에 잘 타는
		Inflame	enrage	격분시키다, 염증을 일으키다
		flamboyant	ostentatious	화려한, 현란한
FORM	shape	**conform**	comply	따르다
		nonconformist	maverick	비순응주의자
FOUND	bottom	**founder**	sink	침몰하다, 가라앉다
		found	establish	설립하다, 세우다
		foundation	groundwork	기초, 기반, 설립
		fundamental	primary	기본적인, 근본적인
		profound	deep	깊은, 심오한
		profundity	insight	깊이, 심오함, 통찰력
FRAG	to break	**fragment**	piece	부분, 파편
		suffrage	franchise	투표권, 선거권, 참정권
		infraction	breach	위반, 침해
FUG	to run away	**fugitive**	runaway	도망자, 탈주자
		subterfuge	trickery	도망칠 핑계, 속임수

Synonyms Quiz 19

1. INFRACTION:
(A) reflection (B) prototype (C) breach
(D) bastion (E) epitome

2. SUBTERFUGE:
(A) fugitive (B) trickery (C) refugee
(D) grimace (E) median

3. CONFORM:
(A) annihilate (B) disdain (C) reform
(D) comply (E) revoke

4. FRAGMENT:
(A) ambassador (B) dearth (C) pedigree
(D) filament (E) piece

5. NONCONFORMIST:
(A) maverick (B) curator (C) novice
(D) provocateur (E) dilettante

Prefixes and Roots 20

Prefixes and Roots	Meaning	Words		
FUL	full	**fulfill**	accomplish	이행하다, 실현하다
		fulcrum	pivot	지렛대의 받침점, 지주
		fulminate	explode	격렬히 비난하다, 폭발하다
		fulsome	excessive	지나친, 과도한
FLUERE	to flow	**affluent**	opulent	풍족한, 부유한
		confluence	convergence	합류, 융합
		influx	inflow	유입, 밀어닥침
		superfluous	unnecessary	과도하게 남아도는, 불필요한
FUSE	to spill	**diffuse**	spread	분산시키다
		effusive	gushing	감정이 넘쳐 흐르는, 과장된
		profuse	abundant	풍부한, 넘치는
FUNG FUNCT	to perform	**malfunction**	breakdown	기능 불량, 고장
		defunct	dead	고인이 된, 죽은
		perfunctory	superficial	피상적인

Synonyms Quiz 20

1. PERFUNCTORY: (A) supercilious   (B) pernicious   (C) vehement
(D) harmful   (E) superficial

2. PROFUSE: (A) intense   (B) abundant   (C) forceful
(D) gradual   (E) prodigal

3. FULFILL: (A) incorporate   (B) jeer   (C) accomplish
(D) redeem   (E) embezzle

4. SUPERFLUOUS: (A) languid   (B) unnecessary   (C) passionate
(D) physical   (E) ineffable

5. MALFUNCTION: (A) innuendo   (B) convergence   (C) flawless
(D) breakdown   (E) catastrophe

Prefixes and Roots 21

Prefixes and Roots	Meaning	Words		
GEN	birth race	**genealogy**	lineage	족보, 가계
		genesis	creation	기원, 발생
		genial	affable	친절한, 상냥한
		genuine	authentic	진짜의, 진정한
		congenial	inherent	선천적인
		heterogeneous	varied	잡종의, 이질적인, 다양한
		homogeneous	uniform	순종의, 동질적인, 같은
		indigenous	native	토착의, 고유의
		ingenuous	artless	솔직한, 꾸밈없는
		ingenious	inventive	영리한, 기발한
GREG	noble	**genteel**	refined	품위 있는, 우아한
		gentility	elegance	고상함, 품위
		gentleman	nobleman	신사, 귀족
		gentry	upper class	상류층, 신사 계급

Synonyms Quiz 21

1. GENTEEL: (A) remote   (B) absurd   (C) required
(D) sociable   (E) refined

2. GENTRY: (A) serf   (B) peasant   (C) bourgeois
(D) plebeian   (E) upper class

3. INGENIOUS: (A) inventive   (B) willing   (C) alarming
(D) related   (E) numerous

4. GENUINE: (A) genteel   (B) domestic   (C) immaculate
(D) deficient   (E) authentic

5. INDIGENOUS: (A) native   (B) contrary   (C) admirable
(D) provincial   (E) condensed

Prefixes and Roots 22

Prefixes and Roots	Meaning	Words		
GRAPH	**to write**	**calligraphy**	penmanship	서예
		choreography	dance composition	안무
		graffiti	a drawing on public walls	그래피티
		graphic	vivid	생생한
GRAT	**pleasing**	**gratify**	please	기쁘게 하다
		gratuitous	free	무료의, 무보수의
GREG	**to gather**	**gregarious**	sociable	사교적인
		aggregate	total	총합, 총계
		congregate	assemble	모이다, 집합하다
		segregate	separate	분리시키다, 격리하다
GRESS	**to go**	**egress**	exit	출구
		transgress	violate	위반하다
		progress	advance	진보
		regress	retreat	되돌아감, 후퇴

Synonyms Quiz 22

1. GRATUITOUS: (A) upright (B) legal (C) free (D) anesthetic (E) literary

2. REGRESS: (A) retreat (B) inclination (C) progress (D) vessel (E) friction

3. EGRESS: (A) snag (B) hindrance (C) exit (D) endeavor (E) fiction

4. GRAPHIC: (A) vivid (B) hyperactive (C) exalted (D) confident (E) automotive

5. TRANSGRESS: (A) smear (B) violate (C) scrawl (D) retreat (E) entice

Prefixes and Roots 23

Prefixes and Roots	Meaning	Words		
HABIT	to dwell	**habitat**	residence	거주지
		habitual	chronic	습관적인
		inhibit	restrict	억제하다, 억누르다
		inhabit	occupy	살다, 거주하다
HOL	whole	**whole**	entire	전체의, 완전한
		wholesome	healthy	건강에 좋은, 유익한
		holistic	comprehensive	전체론적인, 총체적인
HYDR	water	**hydrate**	water	수분을 공급하다
		dehydrated	arid	바짝 말리다
		hydrophobia	fear of water	공수병
HYPER	overmuch	**hyperactive**	excessively active	과잉행동의
		hyperbole	exaggeration	과장법
HYPO	under	**hypothesis**	assumption	가설
		hypocritical	pretending	위선적인

Synonyms Quiz 23

1. DEHYDRATED: (A) arid (B) terminate (C) stimulate (D) demolish (E) insipid

2. HYPERBOLE: (A) promenade (B) caricature (C) telekinesis (D) exaggeration (E) pursuit

3. INHABIT: (A) introvert (B) occupy (C) infuriate (D) incriminate (E) eavde

4. HABITUAL: (A) indulgent (B) akin (C) chronic (D) downright (E) remarkable

5. HYPOCRITICAL: (A) aspirant (B) leisurely (C) conventional (D) pretending (E) brawny

Prefixes and Roots 24

Prefixes and Roots	Meaning	Words		
HOMO	same man	**homogeneous**	similar	동질적인, 같은
		homage	respect	경의, 존경
		homicide	murder	살인
HOST	guest	**hostage**	captive	인질
		hospitable	welcoming	환대하는, 친절한
		hospitality	kindness	환대, 후대
HERE	to stick	**adhere**	stick	달라붙다, 지지하다
		adherent	follower	지지자, 추종자
		coherent	logical	일관된, 논리적인
IGNIS	fire	**ignite**	kindle	점화하다, 불을 붙이다
		igneous	volcanic	화성의, 화성암의
		ire	wrath	분노, 화
IRE	fury	**irate**	infuriated	성난, 격분한
		irascible	hot-headed	화를 잘 내는, 성마른
		irritate	badger	짜증나게 하다, 자극하다

Synonyms Quiz 24

1. HOMAGE:

(A) respect   (B) integrity   (C) fidelity
(D) honesty   (E) pacifist

2. COHERENT:

(A) tarnished   (B) logical   (C) jaded
(D) diurnal   (E) distant

3. HOSPITALITY:

(A) hostility   (B) incentive   (C) kindness
(D) inducement   (E) nuisance

4. HOMOGENEOUS:

(A) similar   (B) biased   (C) impartial
(D) eager   (E) snooty

5. ADHERE:

(A) evade   (B) stick   (C) detach
(D) fasten   (E) shirk

Prefixes and Roots 25

Prefixes and Roots	Meaning	Words		
INTER	**between among**	**intercede**	mediate	중재하다, 조정하다
		intervene	interfere	개입하다, 끼어들다
		intersection	junction	교차로, 교차점
JECT	**to throw**	**reject**	rebuff	거부하다, 거절하다
		jettison	discard	버리다, 투하하다
		dejected	despondent	실망한, 낙담한
JOC	**joke**	**jocular**	humorous	익살스러운, 유머러스한
		jocund	jovial	명랑한, 쾌활한
		jocose	playful	익살스러운, 유머러스한
JUR JUD	**law**	**adjudicate**	judge	판결을 내리다, 재판하다
		jury	panel	배심원단
		judiciary	legal system	사법부, 법원
		perjury	lie under oath	위증하다
		judicious	sensible	현명한
JUV	**young**	**juvenile**	adolescent	청소년의, 유치한
		rejuvenate	revitalize	다시 젊어지게 하다, 활력을 찾게 하다

Synonyms Quiz 25

1. INTERVENE: (A) legislate (B) exclude (C) invigorate
(D) interfere (E) distend

2. JUDICIOUS: (A) reclusive (B) leery (C) irrational
(D) lavish (E) sensible

3. REJUVENATE: (A) feign (B) convey (C) appropriate
(D) revitalize (E) recollect

4. PERJURY: (A) lie (B) eloquence (C) parameter
(D) restraint (E) dominion

5. INTERSECTION: (A) trim (B) outline (C) labyrinth
(D) junction (E) statute

Prefixes and Roots	Meaning	Words		
KIN	**family**	**akin**	related	유사한, 동족의
		kinship	affinity	친족 관계, 연대감
LOC **LOG** **LOQ**	**word**	**loquacious**	garrulous	말이 많은, 수다스러운
		colloquial	informal	구어체의, 일상적인
		monologue	soliloquy	독백
		prologue	preface	서막, 서언
LUD	**play**	**collusion**	conspiracy	음모, 결탁
		elusive	evasive	찾기 힘든, 달성하기 힘든
MAL	**bad**	**malcontent**	dissatisfied person	불평하는 사람
		malevolent	harmful	악의적인
		malice	rancor	악의, 원한
		malady	ailment	질병, 만성병
		malign	defame	중상하다, 비방하다
		malfunction	breakdown	고장, 오작동
METER **METR**	**measure**	**barometer**	pressure gauge	압력계
		odometer	distance meter	주행기록계
		thermometer	temperature gauge	온도계

Synonyms Quiz 26

1. LOQUACIOUS: (A) garrulous   (B) reticent   (C) beneficial   (D) insolent   (E) intangible

2. MALICE: (A) hazard   (B) pauper   (C) miser   (D) rancor   (E) dexterity

3. COLLOQUIAL: (A) preeminent   (B) premature   (C) outweighing   (D) informal   (E) gullible

4. AKIN: (A) diminutive   (B) gaunt   (C) prudent   (D) opposite   (E) related

5. MALADY: (A) pendulum   (B) spectrum   (C) ailment   (D) enclosure   (E) expense

Prefixes and Roots 27

Prefixes and Roots	Meaning	Words		
MAGN	large	**magnate**	tycoon	거물, 큰손
		magnanimous	altruistic	관대한
		magnificent	splendid	웅장한, 멋진
		magnify	enlarge	확대하다, 확장하다
		magnitude	size	크기, 거대함
		magnum opus	masterpiece	대표작, 대작
MANU	hand	**manual**	done by hand	수동의
		manipulate	control	조종하다
		manuscript	handwriting	필사본
		manumit	emancipate	풀어주다, 해방하다
MICRO	tiny	**microbe**	germ	세균, 미생물
		microscopic	minuscule	미세한, 현미경으로만 보이는
MIN	small	**minor**	smaller	미성년자, 사소한, 소수의
		minute	diminutive	매우 작은, 세밀한
		miniature	small-scale	축소 모형, 미니어처

Synonyms Quiz 27

1. MAGNIFY:
(A) abstruse (B) deride (C) enlarge
(D) castigate (E) perforate

2. MAGNIFICENT:
(A) parsimonious (B) splendid (C) serene
(D) versatile (E) permeate

3. MANIPULATE:
(A) immure (B) concur (C) control
(D) aggravate (E) replenish

4. MANUMIT:
(A) compel (B) transmute (C) emancipate
(D) obliterate (E) subsidize

5. MAGNITUDE:
(A) profundity (B) insight (C) immunity
(D) drabness (E) size

Prefixes and Roots 28

Prefixes and Roots	Meaning	Words		
MIS	**bad**	**misappropriate**	embezzle	횡령하다, 착복하다
		mislead	deceive	속이다
		misgiving	concern	걱정, 불안
MIT **MIS**	**send**	**emit**	emanate	방출하다, 내뿜다
		intermittent	sporadic	간헐적인, 때때로의
		omit	leave out	생략하다, 빠뜨리다
		premise	assumption	전제
		remiss	negligent	태만한
		remit	send	송금하다, 보내다
		submit	present	제출하다
		transmit	transfer	보내다
		unremitting	continual	끊임없는, 부단한
META	**change**	**metaphor**	analogy	은유, 비유
		metabolic	biochemical	대사의, 생리학적인
MORPH	**shape** **form**	**amorphous**	shapeless	형태가 없는
		metamorphosis	transformation	변형, 변태

Synonyms Quiz 28

1. MISLEAD:

(A) disclose (B) pacify (C) avert
(D) deceive (E) measure

2. INTERMITTENT:

(A) nomadic (B) despicable (C) sporadic
(D) personable (E) marred

3. METAMORPHOSIS:

(A) diatribe (B) suffice (C) entirety
(D) dearth (E) transformation

4. REMISS:

(A) negligent (B) reluctant (C) satirical
(D) dubious (E) manifest

5. MISAPPROPRIATE:

(A) embezzle (B) mar (C) heed
(D) bland (E) scheme

Prefixes and Roots	Meaning	Words		
MONO	**one**	**monarch**	sovereign	군주, 국왕
		monotonous	tedious	단조로운, 지루한
		monologue	soliloquy	독백, 긴 이야기
		monochrome	black-and-white	단색의, 흑백의
		monopoly	domination	독점, 전매
MORT	**death**	**immortal**	imperishable	불멸의, 영원한
		mortal	human	인간
		mortify	humiliate	굴욕감을 주다, 창피를 주다
		mortgage	loan agreement	담보
		morgue	mortuary	시체 보관소
		moribund	stagnant	죽어가는, 소멸해 가는
MUT	**change**	**mutation**	change	돌연변이, 변화, 변형
		transmute	transform	변화하다
		mutable	changeable	변할 수 있는
		immutable	unchangeable	변할 수 없는

Synonyms Quiz 29

1. MORTIFY: (A) revert (B) inhabit (C) humiliate
(D) extol (E) perish

2. MORGUE: (A) ingredient (B) mortuary (C) progenitor
(D) scholar (E) reimbursement

3. MORIBUND: (A) exterminating (B) incredulous (C) stagnant
(D) dying (E) forthright

4. IMMUTABLE: (A) unchangeable (B) weary (C) reversible
(D) gleeful (E) upstanding

5. TRANSMUTE: (A) inhibit (B) contact (C) exhaust
(D) transform (E) succeed

Prefixes and Roots 30

Prefixes and Roots	Meaning	Words		
NEB	**cloud**	**nebulous**	hazy	흐릿한, 모호한
		nebulize	spray	분무하다, 미세하게 하다
NEO **NOV**	**new**	**innovation**	creation	혁신, 쇄신
		neophyte	beginner	신참자, 초보자
		novice	newcomer	초보자, 초심자
		novel	new	새로운
NOMEN **NOMIN** **ONYM**	**name**	**anonymous**	nameless	익명의
		ignominy	disgrace	이름을 더럽힘, 수치
		nomenclature	terminology	학명, 명명법
		nominal	titular	명목상의, 이름뿐인
		pseudonym	alias	작가의 필명, 가명
NON	**not**	**nonchalant**	indifferent	무관심한, 태연한
		nonsense	drivel	말도 안 되는 소리
		nonconformist	maverick	비순응주의자, 반항아

Synonyms Quiz 30

1. NEOPHYTE:
(A) bona fide   (B) beginner   (C) pasture
(D) foe   (E) trailblazer

2. ANONYMOUS:
(A) nameless   (B) piqued   (C) passive
(D) aggressive   (E) current

3. PSEUDONYM:
(A) visage   (B) mimicry   (C) precipitation
(D) deadlock   (E) alias

4. NOMENCLATURE:
(A) theology   (B) terminology   (C) botany
(D) petrology   (E) etymology

5. NOVEL:
(A) new   (B) burdensome   (C) impassive
(D) querulous   (E) flurry

Prefixes and Roots 31

Prefixes and Roots	Meaning	Words		
OB	against	**objection**	protest	반대, 이의
		obstacle	hindrance	장애물, 방해
	toward	**objective**	goal	목적, 목표
	over	**obdurate**	stubborn	고집 센, 완고한
		obnoxious	repugnant	불쾌한, 기분 나쁜
ODE	song	**ode**	poem	송시, 오드
		parody	imitation	패러디, 풍자
ONUS	burden	**onus**	burden	부담, 책임
		onerous	arduous	부담스러운, 성가신
		exonerate	absolve	면제하다, 무죄를 입증하다
OMNI	all	**omnipresent**	ubiquitous	어디에나 있는
		omniscient	all-knowing	전지의, 모든 것을 아는
		omnipotent	almighty	전능한, 무한한 힘을 가진
OVER	above	**overbearing**	domineering	고압적인, 거만한
		overlap	cover	겹치다, 중복되다
		overlook	disregard	간과하다, 무시하다

Synonyms Quiz 31

1. OBNOXIOUS: (A) dogmatic   (B) repugnant   (C) tidy
(D) inborn   (E) livid

2. OMNIPRESENT: (A) ubiquitous   (B) innocent   (C) firm
(D) odious   (E) conscious

3. OBJECTIVE: (A) approval   (B) hallucination   (C) goal
(D) mirage   (E) voyager

4. OVERBEARING: (A) inadvertent   (B) domineering   (C) exclusive
(D) rabid   (E) ravenous

5. OMNIPOTENT: (A) almighty   (B) tenuous   (C) rancorous
(D) fanatical   (E) trustworthy

Prefixes and Roots 32

Prefixes and Roots	Meaning	Words		
PAN	all	**panorama**	scene	전경, 풍경
		pandemonium	commotion	대혼란, 아수라장
		pandemic	pervasive	전세계로 퍼진
		panoply	collection	모음, 집합
		pantomime	acting without words	무언극, 판토마임
PATH	suffering	**apathy**	indifference	무관심, 냉담
		sympathy	compassion	동정, 연민
		antipathy	hostility	반감, 적대감
		empathy	understanding	공감, 감정이입
		pathology	study of disease	병리학
		telepathy	mind-reading	텔레파시, 정신 감응
PHOBIA	fear	**hydrophobia**	fear of water	광견병, 공수병
		acrophobia	fear of height	고소공포증
		claustrophobia	fear of closeness	폐소공포증
		xenophobia	fear of stranger	외국인 혐오증

Synonyms Quiz 32

1. APATHY:　(A) pity　(B) indifference　(C) commerce
(D) rapport　(E) impact

2. HYDROPHOBIA:　(A) fear of water　(B) fear of numbers　(C) fear of people
(D) fear of strangers　(E) fear of openness

3. SYMPATHY:　(A) dread　(B) axis　(C) compassion
(D) woe　(E) rue

4. PANDEMIC:　(A) pervasive　(B) audacious　(C) atrocious
(D) virulent　(E) disinterested

5. ACROPHOBIA:　(A) fear of fire　(B) fear of strangers　(C) fear of dogs
(D) fear of water　(E) fear of height

Prefixes and Roots 33

Prefixes and Roots	Meaning	Words		
PARA	**beyond**	**paradigm**	model	전형적인 예, 패러다임
		paragon	exemplar	모델, 본보기
		paramount	supreme	최고의, 주요한
PART	**fraction**	**partisan**	adhering	당파적인, 편파적인
		partial	biased	부분적인, 불완전한
PECU	**money**	**pecuniary**	financial	금전상의, 재정상의
		impecunious	impoverished	가난한, 무일푼의
PEND	**to hang**	**pending**	unresolved	미결의, 대기 중인
		pendulum	a swinging lever	(시계) 추
		impending	imminent	급박한
PONDERE	**to weigh to consider**	**pensive**	contemplative	생각에 잠긴, 수심에 잠긴
		ponder	contemplate	곰곰이 생각하다, 숙고하다
		ponderous	unwieldy	무거운, 커서 다루기 힘든,
		compensate	reimburse	보상하다, 보충하다

Synonyms Quiz 33

1. PONDER:

(A) swagger (B) smite (C) contemplate
(D) genuflect (E) indoctrinate

2. PARAMOUNT:

(A) supreme (B) imperative (C) sinister
(D) ample (E) vigilant

3. IMPENDING:

(A) implicit (B) eminent (C) prominent
(D) potent (E) imminent

4. IMPECUNIOUS:

(A) solitary (B) elastic (C) nonplussed
(D) hilarious (E) impoverished

5. PENSIVE:

(A) unresolved (B) quixotic (C) slack
(D) absolute (E) contemplative

Prefixes and Roots 34

Prefixes and Roots	Meaning	Words		
PED **POD**	foot	**expedite**	hasten	진척시키다, 촉진시키다
		peddler	seller	행상인, 노점상
		pedestrian	walker	보행자
PER	through	**perforate**	pierce	구멍을 뚫다, 관통하다
		persevere	persist	인내하다, 견디다
		perturbation	disquiet	동요, 혼란
PERI	around	**perimeter**	boundary	둘레, 주변
		peripatetic	itinerant	이동해 다니는, 순회하는
		periphery	edge	주변, 가장자리
PHIL	love	**philosophy**	principles	철학
		bibliophile	book lover	책을 좋아하는 사람
		philanthropic	humanitarian	박애주의의, 자선의
PORT	to carry	**portable**	mobile	들고 다닐 수 있는
		portfolio	dossier	작품집, 서류 가방
		deportment	conduct	태도, 품행
		rapport	affinity	(친밀한) 관계, 교감

Synonyms Quiz 34

1. PORTABLE: (A) immortal (B) careless (C) mobile (D) heavy (E) prevalent

2. PERIPATETIC: (A) saucy (B) imaginary (C) legal (D) itinerant (E) ignorant

3. RAPPORT: (A) affinity (B) migration (C) silence (D) ingress (E) novice

4. EXPEDITE: (A) convey (B) hasten (C) sojourn (D) linger (E) acknowledge

5. PERTURBATION: (A) disquiet (B) smugness (C) admission (D) contempt (E) investment

Prefixes and Roots	Meaning	Words		
PLI	**to fold**	**compliant**	obedient	순응하는, 준수하는
		pliable	malleable	유연한, 휘기 쉬운
		explicit	clear	명쾌한, 명확한
		implicit	implied	함축적인, 절대적인
		implicate	involve	(범죄에) 연루시키다
POT	**power**	**potent**	powerful	강력한, 유력
		potential	possible	잠재적인, 가능성 있는
		potency	power	힘, 권력
POLY	**many**	**polymorphous**	various	다양한 형태의
		polygamy	plural marriage	일부다처제
		polyglot	multilingual	여러 언어를 사용하는
PRE	**before**	**precaution**	safeguard	예방책, 조심
		premonition	foreboding	예감, 전조
POST	**after**	**prerequisite**	precondition	전제 조건, 필수 조건
		postpone	defer	미루다, 연기하다
		posthumous	post-mortem	사후의

Synonyms Quiz 35

1. POTENCY: (A) abode   (B) occupation   (C) power
(D) altar   (E) overlook

2. EXPLICIT: (A) eternal   (B) wise   (C) ponderous
(D) punctual   (E) clear

3. POSTHUMOUS: (A) humanitarian   (B) isolated   (C) postmortem
(D) staunch   (E) forlorn

4. PREMONITION: (A) facsimile   (B) foreboding   (C) boastfulness
(D) pacifist   (E) descendant

5. IMPLICATE: (A) rankle   (B) exculpate   (C) vouch
(D) sustain   (E) involve

Prefixes and Roots 36

Prefixes and Roots	Meaning	Words		
PRE-HEND	to grasp	**apprehension**	misgiving	걱정, 불안
		apprehensive	anxious	걱정하는, 염려하는
		comprehensible	understandable	이해할 수 있는, 알기 쉬운
		comprehensive	all-inclusive	포괄적인, 종합적인
PRIM	first original	**primary**	foremost	주요한, 첫째의
		prime	main	주된, 기본적인
		primer	introduction	입문서, 기초 교재
PRO	forth	**prolific**	fruitful	다산의, 풍부한, 생산적인
		proscribe	ban	금지하다, 법으로 금하다
		prospective	potential	장래의, 유망한
		provident	prudent	신중한, 검소한
QUAERE	to ask	**query**	questions	질문, 의문
		inquire	ask	조사하다, 질문하다
		inquiry	investigation	조사, 문의
		inquisitive	curious	호기심 많은, 질문 많은

Synonyms Quiz 36

1. APPREHENSION: (A) misgiving (B) appendage (C) deference (D) zephyr (E) endowment

2. PROSPECTIVE: (A) corrupt (B) partisan (C) fraudulent (D) meager (E) potential

3. COMPREHENSIBLE: (A) all-inclusive (B) brazen (C) foremost (D) persistent (E) understandable

4. PRIMER: (A) distress (B) comfort (C) ornament (D) affront (E) introduction

5. PROVIDENT: (A) bold (B) evolved (C) prudent (D) modern (E) tender

Prefixes and Roots 37

Prefixes and Roots	Meaning	Words		
RE	back	**revert**	relapse	되돌아가다, 복귀하다
		regress	backslide	퇴행하다, 후퇴하다
		recalcitrant	defiant	저항하는, 반항적인
		recede	withdraw	물러나다, 약해지다
		retort	reply	반박하다, 응수하다
	again	**recur**	repeat	재발하다, 다시 일어나다
		reiterate	restate	반복하다, 되풀이하다
		retaliate	revenge	보복하다, 앙갚음하다
		reticent	reserved	과묵한, 말수가 적은
		reconcile	resolve	화해시키다, 조정하다
RETRO	backward	**retrospect**	reminiscence	회상, 회고
		retrospective	reflective	회고하는
ROG	to ask	**interrogate**	question	심문하다, 질문하다
		derogatory	disparaging	경멸적인, 비판적인
		prerogative	privilege	특권

Synonyms Quiz 37

1. RECONCILE:

(A) placate (B) resolve (C) tamper
(D) trickle (E) appreciate

2. RECEDE:

(A) scribble (B) withdraw (C) plummet
(D) condone (E) investigate

3. RETROSPECT:

(A) prospect (B) antithesis (C) reminiscence
(D) aftermath (E) rigor

4. RETALIATE:

(A) rebuff (B) implicate (C) involve
(D) accuse (E) revenge

5. DEROGATORY:

(A) wretched (B) pristine (C) wanton
(D) disparaging (E) pallid

Prefixes and Roots 38

Prefixes and Roots	Meaning	Words		
SAG	**to perceive**	**sage**	wise	현명한, 박식한
		sagacity	wisdom	총명함, 현명함
SANC	**holy**	**sanction**	approval	승인, 허가
		sanctify	consecrate	신성하게 하다, 축성하다
		sanctuary	refuge	성소, 보호구역, 피난처
		sanctimonious	hypocritical	독실한 체하는, 위선적인
SCI	**to know**	**conscientious**	scrupulous	양심적인, 성실한
		conscious	aware	의식하는, 자각하는
		prescience	foresight	선견지명
SED **SID**	**to sit**	**assess**	evaluate	평가하다, 측정하다
		obsessive	compulsive	강박을 갖는, 집착하는
		sedentary	stationary	앉아 있는, 정주하는
		sediment	deposit	앙금, 침전물
		subside	abate	가라앉다, 진정되다
		supersede	replace	대체하다, 대신하다

Synonyms Quiz 38

1. SAGE:　　(A) abstract　　(B) aloof　　(C) wise
(D) sanguine　　(E) obsolete

2. CONSCIENTIOUS:　　(A) assiduous　　(B) competitive　　(C) sleek
(D) scrupulous　　(E) insufferable

3. SUPERSEDE:　　(A) profuse　　(B) replace　　(C) assort
(D) muster　　(E) detest

4. SEDENTARY:　　(A) stationary　　(B) wanting　　(C) lacking
(D) robust　　(E) fraternal

5. ASSESS:　　(A) comprehend　　(B) integrate　　(C) merge
(D) speculate　　(E) evaluate

Prefixes and Roots 39

Prefixes and Roots	Meaning	Words		
SCRIB **SCRIP**	to write	**transcribe**	copy	베끼다, 옮겨 적다
		inscribe	engrave	새기다, 적다
		scribble	scrawl	휘갈겨 쓰다
		prescription	order	처방전
		script	handwriting	대본, 원고
		scribe	copyist	서기, 필기자
SENS **SENT**	to feel	**sentiment**	attitude	태도, 생각
		sentimental	emotional	감상적인, 정서적인
		sensitive	responsive	민감한, 예민한
SPEC **SPIC**	to look	**aspect**	facet	측면, 양상
		auspicious	favorable	길조의, 상서로운
		conspicuous	prominent	눈에 띄는, 현저한
		despicable	contemptible	비열한
		perspective	viewpoint	관점, 시각
		prospect	outlook	전망, 가능성
		spectrum	range	스펙트럼, 범위
		spectator	onlooker	관중, 구경꾼
		speculate	conjecture	추측하다, 사색하다

Synonyms Quiz 39

1. SENTIMENT: (A) anatomy   (B) disdain   (C) attitude
   (D) lethargy   (E) boor

2. SPECULATE: (A) conjecture   (B) appraise   (C) chafe
   (D) adjoin   (E) demonstrate

3. CONSPICUOUS: (A) promising   (B) prominent   (C) notorious
   (D) inexperienced   (E) abstruse

4. DESPICABLE: (A) arrogant   (B) sound   (C) supersonic
   (D) superstitious   (E) contemptible

5. INSCRIBE: (A) flaunt   (B) hydrate   (C) engrave
   (D) impede   (E) threaten

Prefixes and Roots 40

Prefixes and Roots	Meaning	Words		
SONUS	**sound**	**sonic**	relating to sound waves	소리의, 음파의
		sonnet	a poem of fourteen lines	소네트, 14행 시
		resonant	reverberating sound	소리 울리는, 공명하는
SUB	**under**	**submerge**	immerse	잠수하다, 가라앉히다
		subservient	submissive	복종하는, 비굴한
SUPER	**above**	**supercilious**	arrogant	거만한, 건방진
		superimpose	overlap	겹쳐 놓다
		superfluous	unnecessary	불필요한, 과잉의
		superstition	an irrational belief	미신
SUR	**over**	**surfeit**	glut	과도, 과다
		surpass	exceed	능가하다, 초과하다
		surmount	overcome	극복하다, 이겨내다
SYN	**together**	**symbiotic**	mutually beneficial	공생의
		symphony	harmony	화음, 교향곡
		synthetic	artificial	합성의, 인조의

Synonyms Quiz 40

1. SUBMERGE: (A) writhe   (B) contrive   (C) sink   (D) cherish   (E) feign

2. SYNTHETIC: (A) artificial   (B) haughty   (C) ample   (D) futile   (E) vain

3. SURFEIT: (A) ingenuity   (B) velocity   (C) glut   (D) compassion   (E) terminology

4. SUBSERVIENT: (A) blatant   (B) servile   (C) appalling   (D) erratic   (E) communicative

5. SUPERIMPOSE: (A) overflow   (B) overpower   (C) overbear   (D) overwhelm   (E) overlay

Prefixes and Roots	Meaning	Words		
TAC	**be silent**	**tacit**	implicit	암묵적인, 무언의
		taciturn	reserved	말 없는, 과묵한
TACT	**touch**	**tact**	diplomacy	재치, 요령
		tactic	strategy,	전략, 전술
		tactile	touchable	촉각의, 촉각을 이용한
		contact	communication	접촉, 연락
		intact	undamaged	온전한, 손상되지 않은
TERM	**end**	**terminate**	end	종료하다, 끝내다
		interminable	infinite	끝없는, 무한한
		determine	decide	결정하다, 결심하다
TRANS	**across beyond over**	**transport**	move	운송하다, 나르다
		transfer	relocate	이동하다, 옮기다
		transcend	surpass	능가하다, 초월하다
		transgress	trespass	침해하다, 위반하다
		transient	temporary	일시적인, 덧없는

Synonyms Quiz 41

1. TACIT:
(A) talkative (B) weird (C) implicit
(D) unreliable (E) glamorous

2. TACITURN:
(A) defined (B) sarcastic (C) plebeian
(D) identical (E) reserved

3. INTERMINABLE:
(A) adorable (B) lasting (C) infinite
(D) eager (E) fickle

4. TRANSFER:
(A) relocate (B) appraise (C) entice
(D) dominate (E) tally

5. TRANSCEND:
(A) disguise (B) browbeat (C) surpass
(D) accuse (E) capsize

Prefixes and Roots	Meaning	Words		
TRACT	to draw	**tractable**	docile	다루기 쉬운, 유순한
		detract	devalue	(가치를) 손상시키다
		attract	allure	끌다, 매혹하다
		distract	divert	산만하게 하다, 방해하다
		subtract	deduct	빼다, 공제하다
		contract	agreement	계약
		extract	remove	추출하다, 뽑아내다
		intractable	unyielding	다루기 힘든, 완고한
		protract	extend	연장하다, 길게 하다
		retract	revoke	철회하다, 취소하다
TOX	poison	**toxic**	poisonous	독성의, 해로운
		Intoxicated	drunken	(술 · 마약에) 취한
		detoxify	cleanse	해독하다, 독성을 없애다
		toxicant	poison	독, 살충제

Synonyms Quiz 42

1. RETRACT:
(A) revitalize (B) mourn (C) reprimand
(D) surpass (E) withdraw

2. TRACTABLE:
(A) tepid (B) foolhardy (C) docile
(D) exuberant (E) stylish

3. PROTRACT:
(A) obstruct (B) extend (C) petrify
(D) recur (E) debilitate

4. TOXIC:
(A) enigmatic (B) vulgar (C) poisonous
(D) ravenous (E) roundabout

5. INTOXICATED:
(A) manifest (B) drunken (C) flagrant
(D) disobedient (E) haphazard

Prefixes and Roots 43

Prefixes and Roots	Meaning	Words		
TEN **TAIN**	to hold	detain	confine	구금하다, 억류하다
		obstinate	stubborn	완고한, 고집 센
		pertain	belong	관련되다, 속하다
		obtain	acquire	획득하다, 얻다
		sustain	uphold	지속하다, 유지하다
		maintenance	upkeep	유지, 관리
		retentive	retaining	보유하는, 기억력이 좋은
		tenacious	persistent	끈질긴, 집요한
		tenure	term	재임 기간, 보유
TORT	to twist	contort	twist	뒤틀다, 일그러뜨리다
		distort	misrepresent	왜곡하다, 비틀다
		extort	extract	강탈하다, 갈취하다
		extortion	blackmail	강탈, 갈취
		retort	reply	반박하다, 응수하다
		torque	twisting force	비틀림, 회전력
		tortuous	winding	구불구불한, 복잡한
		torture	torment	고문하다, 고통을 주다

Synonyms Quiz 43

1. PERTAIN:

(A) preclude   (B) belong   (C) exude
(D) diminish   (E) revel

2. DISTORT:

(A) enhance   (B) synchronize   (C) elicit
(D) impart   (E) misrepresent

3. TENACIOUS:

(A) persistent   (B) bilateral   (C) cursory
(D) perfidious   (E) classy

4. EXTORTION:

(A) confide   (B) blackmail   (C) dissent
(D) condone   (E) defeat

5. OBTAIN:

(A) abstain   (B) divert   (C) swindle
(D) coax   (E) acquire

Prefixes and Roots 44

Prefixes and Roots	Meaning	Words		
ULTRA	**beyond extreme**	**ultimate**	final	궁극적인, 최종의
		ultraviolet	UV radiation	자외선
		ultramodern	futuristic	초현대적인, 최첨단의
		ultrasonography	ultrasound	초음파 검사
UN	**not**	**unlock**	unfasten	잠금을 해제하다, 열다
		unload	discharge	짐을 내리다, 내리다
		unpack	take out	꺼내다, 풀다
		untie	undo	풀다, 끈을 풀다
		unconventional	atypical	일반적이지 않는, 특이한
UNDER	**one**	**undermine**	weaken	약화시키다, 손상시키다
		underscore	emphasize	강조하다, 밑줄을 긋다
		undertake	begin	착수하다, 시작하다
UNI	**one**	**uniform**	identical	동일한, 획일적인
		unique	singular	유일무이한
		ubiquitous	omnipresent	어디에나 있는, 아주 흔한

Synonyms Quiz 44

1. UNDERSCORE:　(A) unbolt　(B) abridge　(C) uncover
(D) undo　(E) emphasize

2. UNIQUE:　(A) singular　(B) controversial　(C) versatile
(D) insuperable　(E) gallant

3. UNPACK:　(A) let up　(B) take out　(C) count on
(D) pick up　(E) call for

4. UBIQUITOUS:　(A) profuse　(B) identical　(C) euphonious
(D) preposterous　(E) omnipresent

5. UNDERMINE:　(A) weaken　(B) beguile　(C) pulverize
(D) shred　(E) paralyze

Prefixes and Roots 45

Prefixes and Roots	Meaning	Words		
VEN	to sell	**venal**	corrupt	부패한, 매수할 수 있는
		vendor	merchant	판매자, 상인
VERB	word	**proverb**	adage	속담, 교훈적인 문장
		verbose	garrulous	말이 많은, 장황한
VERS VERT	to turn	**avert**	prevent	피하다, 돌리다
		invert	reverse	뒤집다, 반대로 하다
		divert	entertain	기분 전환하다, 방향을 바꾸다
		versatile	adaptable	다재다능한
		inadvertent	careless	무심코, 부주의로
		vertigo	dizziness	현기증, 어지러움
VERI	true	**veracious**	truthful	진실한, 정직한
		veracity	truthfulness	진실성, 정확성
		verdict	decision	평결, 판결
		verify	confirm	진실을 입증하다, 확인하다
		veritable	genuine	진정한, 진실한

Synonyms Quiz 45

1. DIVERT:
(A) entertain (B) introvert (C) predict
(D) recede (E) exhaust

2. VERIFY:
(A) conform (B) revise (C) impede
(D) invalidate (E) confirm

3. VENAL:
(A) pallid (B) disposable (C) corrupt
(D) sullen (E) vital

4. INADVERTENT:
(A) sociable (B) elegant (C) conscientious
(D) pedestrian (E) careless

5. VERSATILE:
(A) adaptable (B) variegated (C) polymorphous
(D) banal (E) astounded

Prefixes and Roots	Meaning	Words		
VIS **VID**	**to see**	**vision**	eyesight	시야
		visage	appearance	얼굴, 용모, 외관
		vista	view	경치, 전망
		invisible	unseen	보이지 않는 투명한
		providence	foresight	섭리, 신의 뜻
		provisional	interim	임시의, 잠정적인
VIT **VIV**	**life**	**vital**	essential	필수적인, 매우 중요한
		revitalize	refresh	새로운 활력을 주다
		vivacious	lively	명랑한 쾌활한
		vivid	graphic	선명한, 생생한
		vigorous	energetic	정력적인, 활력 넘치는
		invigorate	strengthen	활력을 주다, 기운 나게 하다
VIR	**poison**	**virus**	infectious agent	바이러스
		viral	contagious	바이러스성의, 바이러스에 의한
		virulent	poisonous	치명적인, 맹독의

Synonyms Quiz 46

1. INVIGORATE:　(A) enervate　(B) debilitate　(C) strengthen
(D) ameliorate　(E) exacerbate

2. VISAGE:　(A) face　(B) duty　(C) privilege
(D) vertigo　(E) horticulturist

3. VITAL:　(A) sinuous　(B) nascent　(C) essential
(D) amicable　(E) caustic

4. VIGOROUS:　(A) supine　(B) energetic　(C) itinerant
(D) cordial　(E) witty

5. VIRULENT:　(A) poisonous　(B) ardent　(C) pensive
(D) celestial　(E) modest

Prefixes and Roots	Meaning	Words		
VIA	**way**	**deviate**	diverge	(진로를) 벗어나다, 일탈하다
		devious	deceitful	정직하지 못한, 마음이 삐뚤어진
		impervious	impermeable	투과되지 않는, 영향을 받지 않는
		obvious	evident	분명한
		trivial	insignificant	사소한, 하찮은
VIND	**revenge**	**vindictive**	vengeful	앙심을 품은, 보복적인
		vindicate	justify	정당성을 입증하다, 무죄를 입증하다
VOC	**call**	**provoke**	agitate	도발하다, 자극하다
		invoke	summon	신에게 빌다, 기원하다
		revoke	cancel	취소하다, 되돌리다
		provocateur	instigator	선동가, 흥분시키는 사람
		vociferous	clamorous	목소리가 큰
VOR	**to eat greedily**	**devour**	consume	게걸스럽게 먹다, 집어삼키다
		voracious	ravenous	게걸스러운, 탐욕스러운
		herbivorous	plant-eating	초식의, 초식성의

Synonyms Quiz 47

1. VOCIFEROUS:
(A) clamorous   (B) convertible   (C) provocative
(D) invincible   (E) desiccated

2. VINDICATE:
(A) justify   (B) foresee   (C) champion
(D) dissuade   (E) mitigate

3. VORACIOUS:
(A) pristine   (B) ravenous   (C) ferocious
(D) indelible   (E) cacophonous

4. TRIVIAL:
(A) glaring   (B) apathetic   (C) monotonous
(D) malicious   (E) insignificant

5. PROVOCATEUR:
(A) instigator   (B) peddler   (C) vagabond
(D) dabbler   (E) guru

Word Building : Suffixes

접미사

Adjective Suffix

Prefixes and Roots	Meaning	Words		
able / ible	likely to able to	capable	competent	유능한
		tolerable	acceptable	참을 수 있는
esque	in the style of	picturesque	scenic	그림 같은
		grotesque	monstrous	괴기한, 괴물같은
fic	marking	terrific	marvelous	굉장한, 빼어난
		horrific	dreadful	무서운, 소름 끼치는
		prolific	productive	다산의, 다작하는
ful	full of	helpful	beneficial	도움이 되는
ish	like	stylish	chic	스타일이 멋진
		lavish	extravagant	사치스러운
less	without	reckless	foolhardy	앞뒤를 가리지 않는
		countless	innumerable	셀수 없는
like	similar	warlike	martial	호전적인
		lifelike	realistic	실물 같은
ly	having the quality of	deadly	lethal	치명적인
		timely	opportune	시기 적절한
ous	given to	ambitious	aspiring	야심 찬
		furious	enraged	격노한, 맹렬한
some	showing	tiresome	boring	지루한, 짜증나는
		awesome	amazing	멋진
ward	in the direction of	forward	onward	앞으로, 전방으로
		backward	reverse	뒤로, 뒤돌아가는
		straightforward	direct	솔직한, 직설적인

Adverb Suffix

Prefixes and Roots	Meaning	Words		
ly	**like**	**positively**	certainly	분명히
		briskly	lively	활발하게

Noun Suffix

Prefixes and Roots	Meaning	Words		
age	**process state**	**exalt**	passing	통행, 통과
		bondage	slavery	노예제
ance	**condition**	**circumstance**	situation	정황, 상황
		vigilance	watchfulness	경계 조심, 불침번
arch	**rule**	**monarch**	ruler	군주, 주권자
ard	**one that does excessively**	**drunkard**	alcoholic	술고래
		diehard	fanatic	완고한 사람
ation	**state**	**occupation**	profession	직업, 업무
		starvation	hunger	아사, 기아
cy	**state condition**	**accuracy**	correctness	적확성, 정밀도
		efficiency	proficiency	효율, 능률
cracy	**rule**	**democracy**	rule by the people	민주주의
		aristocracy	nobility	귀족 계층
dom	**state rank**	**boredom**	tedium	지겨움, 단조로움
		wisdom	sagacity	현명, 지혜
er	**one who does**	**thinker**	philosopher	사상가
ess	**feminine**	**goddess**	female deity	여신
		seamstress	dressmaker	여성 재봉사
hood	**state**	**childhood**	youth	어린 시절, 유년시대
		livelihood	means of living	생계
ion	**action**	**union**	alliance	연합, 결합
		fusion	merging	융합, 결합
		fission	splitting	분열

Noun Suffix

Prefixes and Roots	Meaning	Words		
ism	doctrine	**vandalism**	destruction	반달리즘, 공공 기물 파손
		socialism	collectivism	사회주의
ist	believer	**capitalist**	entrepreneur	자본가, 자본주의자
ition	state	**sedition**	rebellion	선동
		expedition	journey	원정, 탐험
logue	speaking	**monologue**	soliloquy	독백극, 일인극
		prologue	preface	서문, 머리말
		epilogue	afterword	에필로그, 끝맺음말
logy	study	**biology**	study of life	생물학
		psychology	study of mind	심리학
ment	action	**resentment**	indignation	분노, 원한
		assignment	task	과제, 임무
ness	state	**tallness**	height	키, 높이
or	doer	**juror**	jury member	배심원
		editor	reviser	편집자
phobia	fear	**acrophobia**	fear of heights	고소공포증
		xenophobia	fear of strangers	이방인공포증
ship	the art	**authorship**	composition	저작권, 원작자임
		craftsmanship	artistry	장인 정신
scope	look	**telescope**	binoculars	망원경
		stethoscope	heart monitor	청진기
th	act	**mirth**	joy	환희, 즐거움
		filth	dirt	더러움, 오물
ity	quality	**captivity**	imprisonment	감금, 포로 상태
		enmity	hostility	적대감, 원한
		integrity	honesty	진실성
		liability	responsibility	책임, 의무
		validity	legitimacy	타당성

Verb Suffix

Prefixes and Roots	Meaning	Words		
ate	have	**eliminate**	remove	제거하다
		separate	divide	가르다, 분리하다
		illustrate	demonstrate	설명하다, 보여주다
		activate	trigger	활성화하다, 작동시키다
en	become	**harden**	solidify	굳히다
		moisten	dampen	촉촉하게 하다
		sharpen	hone	예리하게 갈다
esce	continue	**acquiesce**	comply	동의하다, 묵인하다
		convalesce	recuperate	건강을 회복하다
		effervesce	bubble	거품이 일다
		luminesce	glow	빛을 발하다
fy	make	**beautify**	embellish	아름답게 하다
		clarify	explain	명확하게 하다
		intensify	strengthen	강화하다
		justify	validate	정당화하다
		fortify	reinforce	요새화하다, 강화하다
		glorify	exalt	찬미하다
		purify	cleanse	정화하다
		simplify	streamline	단순화하다
ize	make	**characterize**	describe	특징짓다
		customize	tailor	맞춤화하다
		maximize	increase	최대화하다
		memorize	learn by heart	암기하다, 외우다
		organize	arrange	조직하다, 준비하다
		stabilize	secure	안정시키다
		utilize	use	활용하다

SSAT® VERBAL

SSAT VERBAL
ANALOGIES

ANALOGY STRATEGIES

 ## Analogy 유사 관계 찾기

Analogy란 '유사 관계'라는 뜻으로 문제에 주어진 두 단어가 갖는 관계와 같거나 최대한 비슷한 관계를 보기에서 찾는 유형의 문제예요. Verbal Section에서 Synonyms의 뒤를 이어 31번부터 60번까지 30문제가 출제되며, Verbal 점수를 당락 짓는 큰 변수로 작용될 수 있는 부분이므로 많은 연습이 필요합니다. 실제 시험에서는 보통 처음 10~12분 정도는 Synonyms를 풀고 그 이후의 시간은 Analogies를 푸는 데 집중하는 것이 좋아요. 변수가 큰 만큼 Analogies 문제 논리를 꿰뚫어 보고 열심히 연습하는 사람에게는 매우 유리한 섹션이 될 수 있어요.

1 Synonyms 문제 푸는 방법

① 문제로 제시된 단어 사이의 관계를 찾습니다.
② 두 관계를 나타낼 수 있는 문장을 만듭니다.
③ 보기 중에 같은 관계인 것을 찾아 고릅니다.

Directions: The following questions ask you to find relationships between words. For each question, select the answer choice that best completes the meaning of the sentence.

Sample Question:

Example

Moon is to lightness as

(A) book is to desk
(B) circle is to sphere
(C) cupboard is to rug
(D) eclipse is to darkness
(E) cat is to feline

위에서 제시된 문제는 Moon is to lightness, 즉 '달 : 밝음'의 관계예요. 즉 달이 뜨면 lightness가 생기는 '원인 & 결과'의 관계죠. 보기 중에서 '원인 & 결과'의 관계를 갖는 (D)가 답인데, eclipse 일식/월식이 되면 darkness 어둠이 생기기 때문이죠.

그 외에 Analogies Section에서 고득점을 받기 위해서는 반드시 다음과 같은 사항을 주의해야 합니다.

② 효과적인 Synonyms 공략법

① 기본은 어휘력입니다

Analogies Section의 기본 역시 synonyms과 마찬가지로 어휘력입니다. 기본 어휘력이 받쳐 준다면 논리를 파악하고 접근하는 데 훨씬 효과적일 수 있어요. 특히 analogies는 수준 높은 단어보다는 다양한 종류의 기본 어휘들(예를 들어, 갑각류와 설치류, 포유류 같은 기본적이고 상식적인 단어)을 폭넓게 공부한 사람에게 유리해요.

② 사전적인 정의에 따릅니다

Analogies 문제를 풀 때는 가장 먼저 두 단어를 연결하는 문장을 만들어 봅니다. 이때 주의할 사항은 관계를 규정하는 그 기준이 '사전적인 정의'에 따른다는 거예요. 많은 학생들이 앞뒤 단어를 이용하여 문장이 자연스럽게 만들어지는 듯하면 그것을 답으로 고르는 경우가 많은데, 이는 바로 pitfall 함정에 빠지는 지름길이니 명심하세요.

③ 앞에서부터 뒤로 갈수록 어려워집니다

Analogies 역시 뒤로 갈수록 어려워집니다. 이는 뒤로 갈수록 쉽게 보이는 답은 함정일 확률이 높아진다는 뜻이 되죠. 따라서 뒤쪽에 있는 문제를 풀 때는 educated-guessing을 하더라도 천천히 따져보고 진지하게 생각해 봐야 해요.

④ 출제 빈도가 높은 기본 유형을 섭렵하세요

Analogies는 synonyms와 달리 출제 유형이 어느 정도 정해져 있어요. 따라서 문제로 자주 나 오는 기본 유형을 먼저 공부하고 이를 기반으로 다양한 유형을 섭렵하도록 하세요.

⑤ Educated-Guessing이 가능합니다

SSAT는 Upper Level만 하더라도 8학년부터 11학년이 같은 시험지로 시험을 보게 되어 있습니다. 당연히 8학년 학생이 풀기에는 어려운 문제들이 많이 섞여 있지요. 그러나 시험 자체는 많이 맞을수록 점수가 높습니다. 따라서 모른다고 그냥 두는 것보다는 자신이 알고 있는 지식을 최대한 동원하여 맞을 확률이 높은 보기를 고르는 전략이 필수적이지요. 그렇다면 analogy에서는 어떤 것이 답이 될 확률이 높을까요?

먼저 Basic Bridges라고 불리는 전형적이면서도 고전적인 유형들을 섭렵하는 것이 필요합니다. 두 번째로는 문제가 무엇이든 답이 될 가능성이 높은 Strong Bridge와 답이 되기 어려운 Weak Bridges를 구별해 내는 것이지요. 세 번째로는 rank를 맞추는 것입니다. analogy를 만들 때는 같은 위계 상의 다른 범주를 찾는 것이 좋습니다. 마지막으로 이 세 가지 전략을 이용해 보기 중에 답이 될 가능성이 작은 것부터 하나씩 지워 나가고 남아 있는 것 중에 확률이 높은 것을 고르는 것이지요. 이것을 elimination 전략이라 합니다. 이제부터는 analogy 연습하겠다고 문제만 무작정 풀지 마세요.

위에 제시된 전략을 충분히 연습하시면 Verbal 점수를 효과적으로 올리실 수 있을 겁니다.

SSAT Analogy Core Bridge 24

이제부터 여러분은 SSAT Analogy 영역에서 가장 핵심이 되는 24가지 유형을 만나게 됩니다. 이 유형들은 제가 오랜 SSAT 지도 경험을 바탕으로 직접 정리하고 개발한 것으로, 수많은 학생들의 실전 데이터를 통해 검증된, 가장 자주 출제되는 문제 유형들입니다.

하나하나 익히고 반복적으로 연습하시다 보면 여러분도 SSAT Analogy를 '감으로 푸는 문제'가 아닌, '보이는 문제'로 바꾸는 경험을 하실 수 있을 것입니다. 그럼 지금부터, 저와 함께 Analogy 핵심 유형의 다리를 하나씩 건너가 볼까요?

1. Persons 사람

1-1. A는 B하는 사람

mentor : advise :: advocate : champion

조언자 : 조언하다 :: 지지자 : 옹호하다

1-2. A는 B의 특징을 가진 사람

sage : wise :: philanthropist : benevolent

현명한 사람 : 지혜로운 :: 박애주의자 : 선의를 가진

1-3. A는 B를 좋아하거나 추구하는 사람

glutton : food :: miser : money

대식가 : 음식 :: 구두쇠 : 돈

1-4. A는 B를 싫어하거나 기피하는 사람

pacifist : violence :: vegetarian : meat

평화주의자 : 폭력 :: 채식주의자 : 고기

1-5. A는 B를 만드는 사람

cobbler : shoes :: author : books

신발 만드는 사람 : 신발 :: 작가 : 책

1-6. A는 B를 재료로 다루는 사람

blacksmith : metal :: potter : clay

대장장이 : 금속 :: 도예가 : 점토

1-7. A는 B를 도구로 사용하는 사람

surgeon : scalpel :: butcher : cleaver

외과의사 : 매스 :: 정육점 주인 : 고기 자르는 큰칼

1-8. A가 일하거나 거주하는 공간 B

judge : court :: chef : kitchen

판사 : 법정 :: 요리사 : 주방

1-9. A는 B와 파트너

coach : player :: director : actor

코치 : 선수 :: 감독 : 배우

1-10. A는 B를 부르는 다른 말

quack : doctor :: dauber : painter

돌팔이 : 의사 :: 서투른 화가 : 화가

1-11. A가 입는 옷 B

jockey : silk :: mechanic : coverall

경마 기수 : (기수용) 실크 셔츠 :: 정비공 : (상하가 붙은) 작업복

1-12. A가 커서 B

recruit : veteran :: student : alumnus

신병 : 퇴역한 군인 :: 학생 : 졸업생

2. Tools & Functions 도구와 기능

2-1. 물체와 기능

telephone : communication :: abacus : computation

전화 : 통신 :: 주판 : 계산

2-2. Drug 약물과 그 효과

tonic : invigorate :: sedative : pacify

강장제 : 힘을 불어넣다 :: 진정제 : 진정시키다

2-3. Drug 약물과 없애거나 막는 대상

defoliant : leaves :: pesticide : insect

고엽제 : 나뭇잎 :: 살충제 : 곤충

3. Degree 정도

3-1. Adjective 〈 Adjective 형용사 degree

different : outlandish :: busy : overworked

다른 : 특이한 :: 바쁜 : 과로한

3-2. Verb 〈 Verb 동사 degree

whisper : bellow :: tiptoe : stomp

소리지르다 : 말하다 :: 쿵쿵 걷다 : 걷다

3-3. Noun 〈 Noun 명사 degree

pebble : boulder :: gully : canyon

조약돌 : 큰 바위 :: 도랑 : 협곡

4. Studies & Scholars 학문과 학자

4-1.　Studies 학문과 연구 대상

botany : plants :: zoology : animals

식물학 : 식물 :: 동물학 : 동물

4-2.　Scholars 학자와 연구대상

archeologist : artifact :: meteorologist : weather

고고학자 : 유물 :: 기상학자 : 날씨

5. Place 장소

5-1.　A는 B를 보관하기 위해 만든 곳

library : books :: warehouse : merchandise

도서관 : 책 :: 창고 : 상품

5-2.　A는 B를 하는 장소

tennis : court :: ice skate : rink

테니스 : 테니스 코트 :: 아이스 스케이트 : 링크

5-3.　A는 B가 사는 곳

aquarium : fish :: arboretum : tree

수족관 : 물고기 :: 수목원 : 나무

6. Part & Whole 부분과 전체

6-1.　Spatial Order 앞? 가운데? 아니면 뒤?

preface : book :: Preamble : Constitution

서문 : 책 :: 헌법 서문 : 헌법

6-2. Body parts 신체 부위

skeleton : body :: frame : building

골격 : 신체 :: 뼈대 : 건물

7. Kinds of 종류 중 하나

moccasin : shoes :: pullover : sweater

모카신 : 신발 :: 풀오버 : 스웨터

8. Shells 껍질

orange : rind :: apple : peel

오렌지 : 오렌지 껍질 :: 사과 : 사과 껍질

9. Unit & Measure 단위와 측정 도구

9-1. Unit 단위

heat : calorie :: sound : decibel

열량 : 칼로리 (열량의 단위) :: 소리 : 데시벨 (소리크기의 단위)

9-2. Measure 측정 도구

scale : weight :: ruler : length

저울 : 무게 : 자 : 길이

10. Group & Member 집단과 구성원

10-1. 집단과 구성원

faculty : teacher :: jury : juror

교수진 : 선생님 :: 배심원단 : 배심원

10-2. 전체와 구성요소

word : sentence :: paragraph : essay

단어 : 문장 :: 문단 : 글

11. Animals 동물

11-1. 동물 : 형용사

dog : canine :: cat : feline

개 : 개의 :: 고양이 : 고양이의

11-2. Female : Male 암컷 : 수컷

ewe : ram :: mare : stallion

암양 : 숫양 :: 암말 : 수말

11-3. 동물 : 사는 곳

rabbit : hutch :: sheep : pen

토끼 : 토끼장 :: 양 : 우리

11-4. 동물 : 동물 새끼

kangaroo : joey :: bear : cub

캥거루 : 새끼캥거루 :: 곰 : 새끼곰

11-5. 동물 : 무리

lion : pride :: wolf : pack

사자 : 사자 떼 :: 늑대 : 늑대 떼

11-6. 동물 : 내는 소리

owl : hoot :: dog : bay

부엉이 : 부엉부엉 울다 :: 개 : 으르렁 거리다

12. Without 결핍

famine : food :: drought : water

기근 : 식량 :: 가뭄 : 물

13. Genre 장르

hymn : praise :: dirge : grief

찬송가 : 찬양 :: 장송곡 : 슬픔

14. Action & Emotion 행동과 감정

grin : delight :: frown : disgust

싱긋 웃다 : 행복 :: 얼굴을 찌푸리다 : 불쾌

15. Product & Material 산출물과 재료

pottery : clay :: candle : wax

도자기 : 점토 :: 양초 : 밀납

16. List & Collection 목록과 컬렉션

16-1. List 목록

agenda : meeting :: itinerary : travel

회의 일정표 : 회의 :: 여행 일정표 : 여행

16-2. Collection 컬렉션

lexicon : word :: anthology : literary work

어휘 : 어휘 목록 :: 시집, 문집 : 문학작품

17. Likely & Unlikely 가능성이 높은, 낮은

17-1. Likely A는 B할 가능성이 높은

dubious : doubt :: credulous : believe

의심 많은 : 의심하다 :: 쉽게 속는 : 믿다

17-2. Unlikely A는 B할 가능성이 낮은

stable : collapse :: faithful : betray

안정적인 : 무너지다 :: 충성스러운 : 배신하다

18. Symbol 상징

18-1. 상징이 되는 존재나 물건

owl : wisdom :: dove : peace

부엉이 : 지혜 :: 비둘기 : 평화

18-2. 문장 부호와 용법

comma : pause :: period : end

쉼표 : 쉼 :: 마침표 : 끝

19. A는 B를 막다, 제거하다

19-1. A는 B를 막다

binding : movement :: blindfold : sight

속박 : 움직임 :: 안대 : 시야

19-2. A는 B를 제거하다

cure : diseases :: purify : impurities

치료하다 : 질병 :: 정화하다 : 불순물

20. Noun: Adjective 명사 : 형용사

tree: arboreal :: star : astral

나무 : 나무의 :: 별 : 별의

21. Synonyms 동의어

ecumenical : universal :: enigmatic : mysterious

전세계적인 : 보편적인 :: 수수께끼 같은 : 불가사의한

22. Antonyms 반의어

authentic : sham :: genuine : spurious

진품의 : 모조의 :: 진짜의 : 가짜의

23. Cause & Effect 원인과 결과

inoculation : immunity :: edification : enlightenment

접종 : 면역 :: 교육 :: 계몽

24. Eponyms 사람이름에서 유래된 단어

24-1. 사람 이름에서 유래된 단어들

boycott : refusal :: silhouette : contour

보이콧 : 거부 :: 실루엣 : 윤곽

Machiavellian : cunning :: Herculean : powerful

마키아벨리적인 : 교활한 :: 헤라클레스 같은 : 엄청난 힘을 지닌

위 Basic Bridges들은 시험 직전에 반드시 점검해야 할 핵심 개념입니다. 본문을 통해 하나하나 잘 익혀두면, 시험장에서 강력한 무기가 되어 줄 것입니다.

*** 알림**　실제 시험에서는 A is to B as C is to D.로 표기되나 본 서에서는 보다 효과적인 어휘 학습을 위하여
　　　　 A : B :: C : D로 간단히 표기하였습니다

Strong Bridge vs. Weak Bridge

Analogies에서는 한 문제당 12개의 단어가 출제됩니다. 그래서 많은 학생이 보기에 나온 단어를 다 알지 못하면 문제를 풀지 못할거로 생각하는데, 그렇지 않아요. analogies에서는 보기에 나온 단어들, 나아가 문제에 나온 단어를 정확히 알지 못한다고 해도 educated-guessing이 가능한 경우가 많이 있어요. 이때 필요한 것이 Strong Bridge와 Weak Bridge를 이용한 제거 전략이에요.

Strong Bridge란 문제가 무엇이든 간에 답이 될 수 있는 후보들을 말해요. 사전적인 정의가 강하고, 출제 빈도수가 높은 Basic Bridge가 여기에 해당되죠. 보기 중 확실한 Strong Bridge는 답이 되기 쉬우니 보기에서 남겨두도록 합니다.

> **Strong Bridge의 예**
> dog is to canine
> titanic is to gigantic

이에 반해 Weak Bridge는 문제가 무엇이든 간에 답이 되기 어려운 약하고 엉성한 관계를 말해요. 다만 Weak Bridge라도 두 단어를 갖고 문장을 만들어 보면 부드럽게 만들어지는 경우가 많아 실수하기 쉬우니 조심해야 해요. 항상 사전적인 정의를 그 근거로 한다는 것을 기억하세요.

> **Weak Bridge의 예**
> dog is to friendly
> cat is to fish

예를 들어 dog : friendly 관계인 경우, 개는 보통 사람의 친구라고 생각되는 긍정적인 이미지를 가지므로 말이 되는 것처럼 보이기 쉬워요. 그러나 '개 : 친근한' 이란 관계는 사전적인 정의로 연결될 수 없으므로 이는 Weak Bridge예요. 또한 cat : fish는 고양이가 물고기를 좋아한다는 인식에서 관계가 있는 것처럼 보이지만, 사전적 정의상 관계가 없으므로 Weak Bridge에 해당합니다.

그러면 Strong Bridge와 Weak Bridge를 구별하는 연습을 해볼까요.

Example

???? is to fox as

(A) grave is to hilarious
(B) cat is to bravery
(C) blinding is to bright
(D) stubborn is to mule
(E) wine is to wind

(A) grave is to hilarious
두 단어는 같은 형용사 품사를 가지며 뜻은 반대예요. 따라서 Basic Bridges의 antonym 관계라고 할 수 있죠. 이런 경우는 문제가 antonym 관계일 때 답이 될 수 있으므로 Strong Bridge로 분류할 수 있어요.

(B) cat is to bravery
'고양이 : 용기'의 관계는 같은 명사이긴 하지만 앞쪽의 단어는 구체적인 동물 개체의 이름이고 뒤쪽의 단어는 추상명사로 사전적인 정의상 연결되기 어려워요. 따라서 Advanced Bridge 문제로 생각될 수도 있지만 문제의 오른쪽에 fox가 나와 있으므로 'bravery : cat'으로 위치가 바뀌었다면 모를까 이 문제에서는 답이 되기 어렵죠. 따라서 Weak Bridge예요.

(C) blinding is to bright
대표적인 degree 관계죠. blinding은 'a. 너무 밝아 눈이 멀 것 같은'이란 뜻으로 bright보다 더 센 의미가 있어요. 비슷한 관계로는 deafening is to loud가 있어요. 따라서 Strong Bridge로 분류할 수 있어요.

(D) stubborn is to mule
'고집 센 : 노새'의 관계로 오른쪽의 동물이 왼쪽의 형용사를 대표적으로 상징하는 동물로 나와 있어요. 노새는 고집 센 인물을 상징하거든요. mulish, 즉 'a. 고집부리는'이란 단어도 여기서 유래했어요. 문제와 마찬가지로 오른쪽에 동물이 있으니 Strong Bridge이며 유력한 답 후보예요.

(E) wine is to wind

와인과 바람은 연관되는 아무런 사전적인 정의가 없는 Weak Bridge 입니다.

정리해보면

> **???? is to fox as**
> strong　(A) grave is to hilarious
> weak　　(B) cat is to bravery
> strong　(C) blinding is to bright
> strong　(D) stubborn is to mule
> weak　　(E) wine is to wind

앞쪽 제시어를 몰라도 정답은 (A), (C), (D) 중 하나로 좁힐 수 있습니다. 문제 오른쪽에 fox처럼 명사이자 동물이 나와 있으므로, 정답도 비슷한 성격일 가능성이 높습니다. (A) hilarious는 −ous로 끝나는 suffix를 가진 형용사이고, (C) bright 역시 형용사입니다. 반면 (D) mule은 명사이자 동물이므로 가장 적절한 선택입니다. 즉, 단어를 몰라도 Prefix, Root, Suffix 지식을 바탕으로 Educated Guessing을 하면 정답률을 높일 수 있습니다.

 **Rank**

많은 학생들이 단어를 다 아는데도 답을 못 고르겠다고 질문합니다. 이럴 때는 더욱 rank를 맞추는 것에 더욱 집중하세요. 예제를 볼까요?

Flower is to poppy as

(A) ebony is to oak
(B) llama is to mammal
(C) rose is to lily
(D) cat is to dog
(E) marsupial is to kangaroo

문제는 '꽃 is to 양귀비'입니다. 제시된 두 단어는 어떤 관계일까요? [A의 종류 중 하나가 B]인 것이지요. 그렇다면 A가 B보다 높은 랭크 계급에 속하겠죠? 그러니 그림처럼 poppy는 flower 종류에 속하는 것이겠죠? 그러니 상위 전체 그룹의 이름인 것 하나와 그 아래 속하는 종류 중 하나를 고르는 문제입니다.

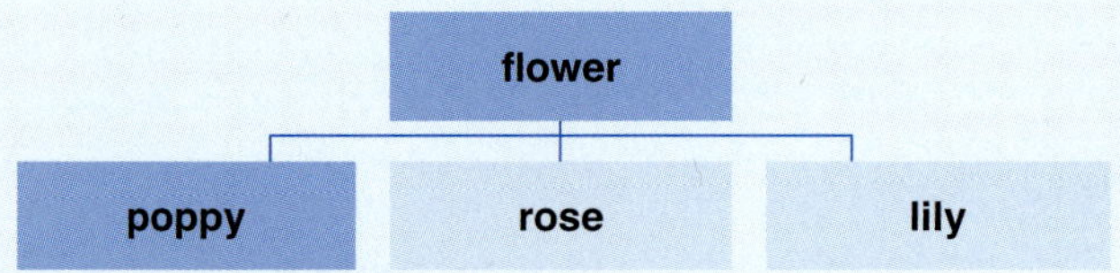

(A) ebony is to oak는 답이 될까요?

이것은 그림으로 보면

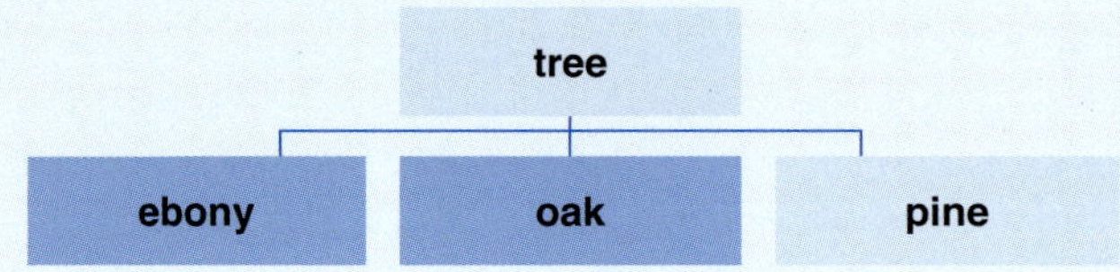

즉 위 아래 관계 하나씩이 아니라 tree의 종류 중 두 가지를 선택한 것이니 랭크가 맞지 않죠? 답이 될 수 없습니다.

(B) llama is to mammal 는 어떨까요?

mammal에 llama가 속하는 것은 맞는데, 문제의 앞쪽에 더 큰 상위 랭크가 오고 뒤 쪽에는 하위에 있는 종류 중 하나가 오는데, (B) 보기의 llama is to mammal은 랭크의 앞뒤가 바뀌었죠? 답이 될 수 없습니다.

(C) rose is to lily

rose와 lily는 같은 ower 종류이므로 답이 될 수 있는 것처럼 보이지만, 아래 그림과 같이 같은 랭크의 다른 종류 두 가지를 고른 것으로 답이 될 수 없습니다.

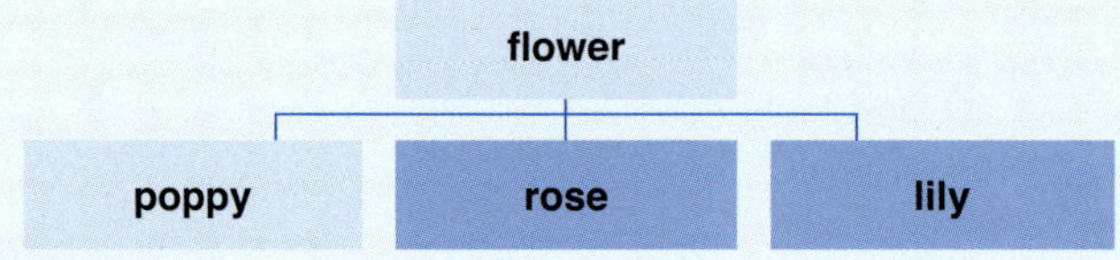

(D) cat is to dog

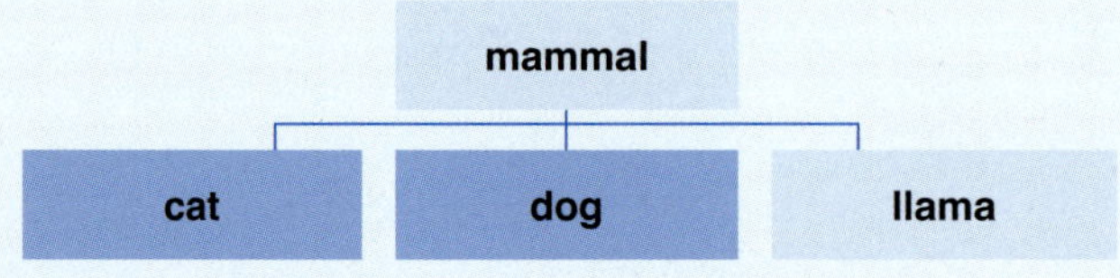

역시 mammal의 종류 중 두 개를 고른 것이죠?
차라리 mammal is to cat이거나 mammal is to dog이었으면 답이 될 수 있었겠죠.

(E) marsupial is to kangaroo

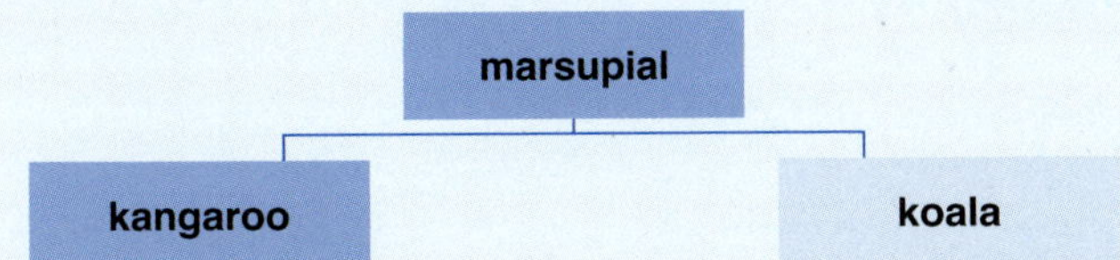

이 문제는 상위 개념과 그에 속하는 하위 개념의 관계로 연결되어 있습니다. 따라서 이러한 '종류–구체적 예' 관계를 파악하면 정답을 유추할 수 있습니다. 정답은 위 아래 관계가 제대로 연결된 (E) marsupial is to kangaroo가 되겠네요.

예제를 풀어볼까요?

Example

Navy is to admiral as army is to

(A) soldier
(B) regiment
(C) general
(D) armada
(E) platoon

정답은 (C) general입니다. (A)의 soldier가 되지 못하는 이유는 admiral은 navy의 제독으로 최고 우두머리를 말하죠. 그러니 army에서도 군사 중 하나인 soldier가 아니라 최고 우두머리인 general을 골라야 하는 것이죠.

하나 더 풀어볼까요? 각 단어가 가지는 Rank와 직책의 Hierarchy 위계를 잘 생각해서 답을 골라보세요.

Example

City is to mayor as state is to

(A) politicians
(B) electorate
(C) senator
(D) president
(E) governor

(A) politicians는 너무 포괄적인 표현이고, (B) electorate는 특정 리더를 의미하는 것이 아니라 유권자 집단을 뜻합니다. (C) senator는 입법부의 구성원일 뿐, 주(state)를 이끄는 역할은 하지 않으며, (D) president는 국가의 수장이므로, 주의 리더와는 다릅니다. 따라서 정답은 (E) governor, 즉 주지사가 됩니다.

Elimination Strategy

앞에서 설명한 세 가지 방법을 이용해 답이 될 가능성이 낮은 것을 지우고 높은 것만 남겨 그 중에서 답을 Guessing하는 것이 Educated-Guessing입니다. 이를 위해서는 Elimination Strategy 즉, 제거 전략을 잘 쓰는 것이 중요한데요, 이는 객관식 문제에서 흔히 사용되는 방법이죠.

이 문제에서는 보기를 하나씩 제거해 나가면 맞을 확률이 20%에서 25%, 33%, 50% 식으로 올라가게 돼요. 만약 보기 중 지울 수 있는 것이 하나도 없다면 그 문제는 풀지 않는 것이 현명할 수 있어요. 그러나 보기 중 지울 수 있는 개수가 하나둘씩 늘어난다면 Educated-Guessing은 훌륭한 문제풀이 전략이지요.

그러나 이 방법은 무작정 찍는 Random Guessing을 하다 감점이 커지는 것을 막기 위한 하나의 방편이며, 기본적으로 어휘력이 받쳐 주어야 이런 전략이 빛을 발한다는 것, 또한 뒷부분에 출제되는 난이도가 높은 문제에서는 적용하기 어렵다는 것도 함께 기억해두세요.

PEOPLE

사람들

When it comes to analogy problems, the most frequent and abundant type involves relationships between people and their actions, characteristics, or tools they use.

An essential point when solving analogies related to people is that the answer is always based on a 'literal definition' within the analogy. Cultural differences or situational exceptions are not considered. Therefore, when solving problems, the focus should be on universally accepted relationships that can be recognized anytime, anywhere. In pairings related to 'people and what they do,' it often refers to actions performed 'professionally.'

A is a person who does B

A는 B하는 사람

---

mentor : advise :: advocate : champion

조언자 : 조언하다 :: 지지자 : 옹호하다

[사람과 그 사람이 하는 일] 관계는 사람 문제의 가장 기본이며, 가장 자주 출제되는 유형입니다. 이때 [A가 B하다]라고 생각하면 혼동되는 보기들이 많을 겁니다. 답을 찾을 때는 [B라는 일을 하는 사람을 가리키는 말이 A]라고 생각하면 더 간단합니다.

Examples

arbiter : judge 결정권자 : 결정하다	**instigator : incite** 선동가 : 선동하다
appraiser : assess 감정가 : 평가하다	**scribe : transcribe** 필경사 : 옮겨 쓰다
nomad : wander 유목민 : 방랑하다	**sentry : guard** 경비병 : 지키다

Quiz

Filibusterer is to obstruct as

(A) assistant is to direct

(B) umpire is to participate

(C) arbitrator is to mediate

(D) surveyor is to calculate

(E) accountant is to aid

(C) arbitrator is to meditate

A is a person with the characteristics of B

A는 B의 특징을 가진 사람

sage : wise :: philanthropist : benevolent

현명한 사람 : 지혜로운 :: 박애주의자 : 선의를 가진

'사람 : 특징 :: 사람 : 반대 특징'은 자주 출제되는 형태입니다. 현명한 사람은 지혜로운 특징을 가지며 박애주의자는 선의를 가지지요. 사람 A와 특징을 나타내는 형용사 B가 같이 나왔을 경우는 'B의 특징을 가지는 사람이 A'라는 식으로 생각하면 됩니다.

Examples

miser : stingy 구두쇠 : 인색한	**penitent : remorseful** (종교적으로) 회개한 사람 : 회개하는
firebrand : inflammatory 선동가 : 선동적인	**partisan : biased** (특정 집단의) 열렬한 지지자 : 편파적인
coward : craven 겁쟁이 : 용기 없는	**acrobat : agile** 곡예사 : 민첩한
glutton : voracious 대식가 : 탐욕스러운	**scoundrel : disreputable** 부도덕한 사람 : 평판이 좋지 않은

Quiz

Scholar is to knowledgeable as

(A) sage is to garrulous

(B) virtuoso it to compliant

(C) skeptic is to credulous

(D) confidant is to eloquent

(E) acrobat is to agile

(E) acrobat is to agile

A is a person who likes B

A는 B를 좋아하는 사람

glutton : food :: miser : money

대식가 : 음식 :: 구두쇠 : 돈

'사람과 그 사람이 좋아하는 것'과 '사람과 그 사람이 추구하는 것' 역시 출제됩니다. 대식가 glutton은 밥을 1톤씩 먹는 사람이니까 음식을 너무 좋아하는 사람이지요? 또한 bib-가 라틴어로 '책'을 의미하고, phil은 '좋아하다'를 의미하므로 bib(book) +phil(love) + ile(person), 즉 booklover, 책을 매우 좋아하는 사람을 뜻합니다.

Examples

bibliophile : books
애서가 : 책

aesthete : beauty
심미주의자 : 아름다움

epicure : fine cuisine
미식가 : 미식

connoisseur : art
(예술품) 감정가 : 예술

hedonist : pleasure
쾌락주의자 : 쾌락

stoic : self-discipline
금욕주의자 : 자기 절제

Quiz

Detective is to clues as

(A) apprentice is to tasks
(B) critic is to data
(C) proofreader is to errors
(D) chemist is to experiments
(E) partisan is to vetoes

Answer

(C) proofreader is to errors

A is a person who dislikes B

A는 B를 싫어하는 사람

pacifist : violence :: vegetarian : meat

평화주의자 : 폭력 :: 채식주의자 : 고기

A는 B를 좋아하는 것이 있다면 이와 반대로 사람과 그 사람이 싫어하는 것, 기피하는 것도 쉽게 떠올릴 수 있는 유형이지요.

Examples

xenophobe : stranger 외국인 혐오자 : 이방인	**claustrophobe : enclosed space** 폐쇄 공포증 환자 : 밀폐된 공간
abolitionist : slavery 노예제 폐지론자 : 노예제	**teetotaler : alcohol** 절대 금주하는 사람 : 술
anarchist : government 무정부주의자 : 정부	**iconoclast : convention** 인습타파주의자 : 관습

Quiz

Acrophobe is to height as maverick is to

(A) conformity

(B) insanity

(C) voyage

(D) bondage

(E) avarice

A is a person who makes B

A는 B를 만드는 사람

---

cobbler : shoes :: author : books

신발 만드는 사람 : 신발 :: 작가 : 책

'A는 B를 다루거나 만드는 사람'을 의미하는 관계입니다.

Examples

playwright : manuscript	composer : score
극작가 : 원고, 필사본	작곡가 : 악보
cartographer : map	choreographer : dance
지도 제작자 : 지도	안무가 : 춤
cooper : barrel	architect : blueprint
통 제조업자 : (목재나 금속으로 된 대형) 통	건축가 : 설계도

Quiz

Architect is to blueprint as

(A) smuggler is to booty

(B) plumber is to pipe

(C) realtor is to property

(D) cartographer is to map

(E) rancher is to corral

Answer

(D) cartographer is to map

01-06 A is a person who handles B as a material

A는 B를 재료로 다루는 사람

blacksmith : metal :: potter : clay

대장장이 : 금속 :: 도예가 : 점토

A는 B를 재료로 다루는 사람이나 파는 사람'을 의미하는 관계입니다. blacksmith 대장장이는 metal 금속을 다루고 potter 도예가는 clay 점토를 재료로 만들지요.

Examples

tailor : textile 재단사 : 직물	**jeweler : gemstone** 보석세공인 : 원석
glassblower : glass 유리공예사 : 유리	**carpenter : wood** 목수 : 목재
weaver : thread 방직공 : 실	**mason : stone** 석공 : 돌

Quiz

Pharmacist is to drug as

(A) sculptor is to chisel

(B) juggler is to agility

(C) blacksmith is to metal

(D) doctor is to prescription

(E) teacher is to assignment

A is a person who uses B as a tool

A는 B를 도구로 사용하는 사람

surgeon : scalpel :: butcher : cleaver

외과의사 : 매스 :: 정육점 주인 : 고기 자르는 큰칼

A는 직업상 B라는 도구를 주로 사용'하는 관계입니다. 중요한 것은 ① 직업상 주로 사용하는 것 ② 도구의 용도(쓰다, 자르다, 붙이다 등)가 비슷한 것이 더 강한 관계를 이룹니다. 즉, scalpel과 cleaver는 둘 다 '자르는' 같은 기능을 가지고 있으니 다른 도구들보다 더 좋은 관계가 된다는 것이죠.

Examples

sculptor : chisel 조각가 : 끌	**painter : brush** 화가 : 붓
physician : stethoscope 의사 : 청진기	**carpenter : saw** 목수 : 톱
potter : kiln 도예가 : (도기 굽는) 가마	**chef : stove** 요리사 : 가스레인지

Quiz

Potter is to kiln as

(A) sentry is to marquee

(B) chef is to stove

(C) baker is to watercolor

(D) tyrant is to spatula

(E) scientist is to goggles

(B) chef is to stove

Space where A works or resides B

A가 일하거나 거주하는 공간 B

judge : court :: chef : kitchen

판사 : 법정 :: 요리사 : 주방

'A가 활동하는 무대나 공간 B'를 의미하는 관계입니다.

Examples

teacher : school 선생님 : 학교	**surgeon : hospital** 외과의사 : 병원
curator : museum 전시기획자 : 박물관	**librarian : library** 사서 : 도서관
pilot : cockpit 비행사 : 조종석	**trucker : cab** 트럭운전사 : 트럭 운전석

Quiz

Pilot is to cockpit as

(A) auditorium is to orator

(B) curator is to auction

(C) stadium is to usher

(D) umpire is to arena

(E) captain is to bridge

Answer

(E) captain is to bridge

A is a partner with B

A는 B와 파트너

coach : player :: director : actor

코치 : 선수 :: 감독 : 배우

쉽게 'giver : taker' 파트너 관계로 보면 됩니다. 어떤 행동을 할 때 '주는 사람 : 받는 사람'으로 이루어진 이 관계 역시 자주 등장합니다. 운동할 때 coach와 player가 파트너이듯 공부할 때는 tutor와 pupil이 파트너가 되지요.

Examples

attorney : client
변호사 : 의뢰인

benefactor : beneficiary
은혜를 베푼 사람 : 은혜를 받은 사람

master : lackey
주인 : 하인

creditor : debtor
채권자 : 채무자

farmer : baker
농부 : 제빵사

lumberjack : carpenter
벌목꾼 : 목수

Quiz

Director is to actor as

(A) client is to patron

(B) singer is to choir

(C) guru is to mentor

(D) conductor is to musician

(E) parasite is to host

Answer

(D) conductor is to musician

Another term for A calling B

A는 B를 부르는 다른 말

quack : doctor :: dauber : painter

돌팔이 : 의사 :: 서투른 화가 : 화가

'A는 B를 부르는 다른 말' 역시 시험에 간혹 출제됩니다. 주로 B를 낮춰 부르는 말이나, 같은 일을 하면서도 그 사회적 지위나 명예, 일의 난이도에 따라 다른 명칭을 가지는 경우가 이 관계에 주로 출제되지요. 빈도수가 높지는 않으나 출제되는 유형 중 하나이니, 알아 두시는 것이 좋습니다.

Examples

hack : writer
삼류작가 : 작가

charlatan : expert
(전문가인 척 하는) 사기꾼 : 전문가

dabbler : professional
취미삼아 하는 사람 : 전문직 종사자

pedant : scholar
(학식을 지나치게 자랑하는) 현학자 : 학자

Quiz

Pedant is to teacher as

(A) novice is to expert

(B) dauber is to painter

(C) apprentice is to master

(D) rustler is to cattle

(E) cadet is to veteran

Answer

(B) dauber is to painter

The clothes that A wears B

A가 입는 옷 B

jockey : silk :: mechanic : coverall

경마 기수 : (기수용) 실크 셔츠 :: 정비공 : (상하가 붙은) 작업복

A가 직업적인 활동을 할 때 입는 것 B의 관계입니다. 경마 기수들은 경기 시 눈에 잘 띄는 비단 셔츠를 입고, 차를 고치는 정비공들은 위아래가 붙은 작업복을 주로 입지요. 이런 관계가 [A가 입는 옷 B]의 관계입니다.

Examples

ballerina : tutu 발레리나 : 발레치마	**chef : apron** 요리사 : 앞치마
boxer : trunk 권투선수 : (남성용) 반바지	**surgeon : scrubs** 외과의사 : 수술복
actor : costume 배우 : (공연용) 의상	**painter : smock** 화가 : 작업복

Quiz

Boxer is to trunk as

(A) ball is to evening gown

(B) night gown is to pajama

(C) surgeon is to scrubs

(D) garment is to apparel

(E) sweat pants is to drawstring

Answer

(C) surgeon is to scrubs

A growing up to be B

A가 커서 B

---

recruit : veteran :: student : alumnus

신병 : 퇴역한 군인 :: 학생 : 졸업생

---

infant는 '아기, 유아'를 뜻하는 단어입니다. 프랑스 말로도 enfant '앙팡' 이라는 비슷한 말이 있지요? grown-up은 다 자란 '성인'을 뜻합니다. 그러니까 이 관계는 [아기 : 어른]이 되죠. recruit는 이제 군대에 막 들어온 '신병, 신참'을 뜻하고, veteran은 '전쟁에 참여했던 경험 많은 은퇴한 군인'을 뜻하지요. 또한 veteran은 일반적으로 '경험 많고, 노련한 전문가'를 뜻하기도 합니다.

Examples

novice : expert 초보자 : 전문가	**infant : grown-up** 아기 : 어른
green : seasoned 초보의 : 경험 많은	**unfledged : mature** 미숙한 : 성숙한
amateur : professional 아마추어 / 비전문가 : 프로 / 전문가	**greenhorn : old hand** 초보자 : 숙련된 사람

Quiz

Amateur is to professional as

(A) recruit is to veteran

(B) auctioneer is to bidder

(C) mendicant is to alms

(D) sheriff is to authority

(E) chiropractor is to spine

Answer

(A) recruit is to veteran

1. Chef is to apron as

    (A) brush is to painter

    (B) gourmet is to food

    (C) ballerina is to tutu

    (D) robe is to mechanic

    (E) guru is to coveralls

2. Business is to partner as

    (A) lumberjack is to carpenter

    (B) fanatic is to zeal

    (C) trucker is to cab

    (D) crime is to accomplice

    (E) orchestra is to mechanic

3. Mentor is to advise as

    (A) peddler is to vend

    (B) sycophant is to demean

    (C) pacifist is to manipulate

    (D) hero is to worship

    (E) athlete is to rescue

4. Hull is to mariner as

    (A) dance is to choreographer

    (B) product is to salesman

    (C) banker is to vault

    (D) rancher is to mine

    (E) fuselage is to crew

5. Hack is to writer as

    (A) rebel is to authority

    (B) wholesaler is to retailer

    (C) barber is to tailor

    (D) quack is to doctor

    (E) firebrand is to outcast

TOOLS & FUNCTIONS

도구와 기능

A tool is made to do a specific job. In this type of relationship, Tool A is designed mainly to perform Function B. When solving problems about tools and their functions, it's important to focus on the main job the tool was created to do.

물체와 기능

telephone : communication :: abacus : computation

전화 : 통신 :: 주판 : 계산

물체와 그 물체가 만들어진 '이유와 목적'으로 생각하시면 더 정답이 정확하게 보입니다. 즉 'A는 B를 하기 위하여 만들어진 것'으로 생각해 보는 것이지요.

Examples

loom : weaving 베틀 : 방직	**locomotive : travel** 증기기관차 : 이동
lamp : illumination 램프 : 조명	**bait : enticement** 미끼 : 유혹
ornament : embellishment 장식품 : 장식	**wrench : twisting** 렌치 : 비틀기
tripod : support 삼각대 : 지지	**buffer : polishing** 버퍼 : 연마
fortress : protection 요새 : 방어	**colander : draining** 물기 빼는 체 : 배수

Quiz

Map is to navigation as

(A) crutch is to multiply

(B) winnow is to buttress

(C) tripod is to cook

(D) blueprint is to construction

(E) pestle is to sharpen

(D) blueprint is to construction

Medications and their Effects

약물과 그 효과

tonic : invigorate :: sedative : pacify

강장제 : 힘을 불어넣다 :: 진정제 : 진정시키다

약물과 그 효과는 이 부분에서 가장 눈에 띄는 유형입니다. 약물과 그 약물을 투여했을 때 증상이나 기능을 연결하는 관계이지요.

Examples

balm : soothe
연고 : 고통을 줄이다

antidote : detoxify
해독제 : 해독하다

anesthetic : numb
마취제 : 마비시키다

antiseptic : disinfect
소독제 : 소독하다

lubricant : slide
윤활유 : 미끄러지게 하다

glue : adhere
접착제 : 붙이다

Quiz

Tonic is to invigorate as

(A) stimulant is to repartee

(B) balm is to soothe

(C) preservative is to decay

(D) coagulant is to thaw

(E) salve is to divide

Answer

(B) balm is to soothe

Substance and its Elimination or Prevention Target

약물과 막는 대상

defoliant : leaves :: pesticide : insect

고엽제 : 나뭇잎 :: 살충제 : 곤충

약물의 다른 유형은 '약물 : 막거나 없애는 것'의 관계입니다. antidote 해독제나 antibiotic 항생제 등의 기본 단어들을 잘 알아 두세요.

Examples

antiseptic : infection
소독제 : 감염

antidote : poisoning
해독제 : 중독

seawall : ocean
방파제 : 바다

windbreaker : wind
바람막이 : 바람

Quiz

Pesticide is to insect as

(A) sleeping pill is to ailment

(B) herbicide is to weed

(C) insomnia is to malady

(D) placebo is to numbness

(E) tourniquet is to fracture

Answer

(B) herbicide is to weed

1. **Shelter is to protection as**

   (A) knob is to door

   (B) lamp is to bulb

   (C) bed is to blanket

   (D) eye is to lid

   (E) curtain is to privacy

2. **Lubricant is to slide as**

   (A) extinguisher is to ignite

   (B) humidifier is to moisturize

   (C) blowtorch is to freeze

   (D) muffler is to explode

   (E) sedative is to agitate

3. **Glasses are to see as**

   (A) cane is to walk

   (B) tooth is to comb

   (C) staff is to teach

   (D) capsule is to bend

   (E) bid is to auction

4. **Bicycle is to travel as**

   (A) safe is to combination

   (B) sedan is to car

   (C) locomotive is to freight

   (D) telephone is to communication

   (E) junk is to boat

5. **Glue is to adhere as**

   (A) stain is to cleanse

   (B) mirror is to reflect

   (C) hole is to punch

   (D) furnace is to kiln

   (E) letter is to seal

6. Telescope is magnifying as

(A) microscope is to balancing

(B) binoculars is to communicating

(C) camera is to focusing

(D) scale is to observing

(E) compass is to navigating

7. Sieve is to filtration as

(A) drill is to boring

(B) spatula is to turning

(C) grater is kneading

(D) chisel is gluing

(E) wrench is to cutting

8. Colander is to draining as

(A) sunscreen is to burning

(B) remedy is to pasting

(C) Insulation is to fastening

(D) inoculation is to washing

(E) buffer is to polishing

9. Tourniquet is to bleeding as

(A) crutches is to walking

(B) splint is to movement

(C) cast is to decomposition

(D) thermometer is to temperature

(E) antidote is to sensation

10. Tripod is to support as

(A) insecticide is to insects

(B) balm is to irritation

(C) pillar is to collapse

(D) locomotive is to disguise

(E) scaffold is to construction

DEGREE

강도

Analogies involving 'adjective: adjective' or 'verb: verb' pairs often present a common issue: the difference in degree. While they may seem synonymous at first glance, closer examination reveals varying levels of intensity within the words themselves. Simply memorizing words with similar meanings can lead to confusion, as demonstrated with "respect" and "revere," both meaning 'to admire.' However, distinctions like 'respect < revere' are common. Grouping similar words together for memorization might exacerbate this issue, underscoring the importance of carefully considering definitions and noting any degree differences.

Adjective < Adjective Degree

형용사

---

different : outlandish :: busy : overworked

다른 : 특이한 :: 바쁜 : 과로한

언뜻 보면 synonyms으로 보이기 쉬운 형용사로 묶인 degree pair입니다.

Examples

harmful < lethal 해로운 < 치명적인	**dim < dark** 어둑어둑한 < 깜깜한
happy < ecstatic 행복한 < 황홀한	**unhappy < inconsolable** 행복하지 않은 < 위로할 길이 없을 만큼 슬픈
chilly < frigid 쌀쌀한 < 매우 추운	**compliant < servile** 말 잘 듣는 < 노예 같은
loud < deafening 시끄러운 < 귀가 멀 것 같은	**bright < blinding** 밝은 < 눈이 멀 것처럼 눈부신
spending < prodigal 소비하는 < 낭비가 심한	**frugal < miserly** 검소한 < 구두쇠 같은
confident < arrogant 자신감 있는 < 오만한	**obvious < blatant** 명백한 < 뻔뻔한
singed < charred 그을린 < 까맣게 숯처럼 타버린	**amusing < hilarious** 즐거운 < 아주 재미있는, 매우 우스운
idealistic < quixotic 이상적인 < 공상적인	**admiring < idolatrous** 칭찬하는 < 우상숭배하는
drowsy < comatose 늘어진 < 혼수상태의	**concerned < obsessed** 걱정하는 < 집착하는
scholarly < pedantic 학식 있는 < 지나치게 아는 척 하는	**pious < sanctimonious** 독실한 < 독실한 척 하는

Tip 1. 동의어인지 반의어인지, Degree인지 자세히 살필 것!

degree 문제는 동의어와 반의어 문제로 착각하기 쉽습니다. 그래서 문제 풀 때 보기를 더욱 꼼꼼히 보아야 합니다. 또한 degree 문제에 잘 출제되는 단어들은 그 단어 안에 그 강도의 차이가 분명히 담겨있는 경우가 많으므로 단어를 외울 때부터 그 차이를 함께 기억하는 것이 중요합니다. 예를 들어 admonish는 '점잖게 야단친다'라는 뜻을 가지는데요, 이때 그냥 '야단치다'라고 외우는 것보다는 '점잖게'라는 뜻을 눈여겨 외워둘 필요가 있다는 것이지요.

Tip 2. 방향에 주의하라! A 〈 B인지 A 〉 B인지 확인 할 것!

Degree 문제를 맞추려면 강도의 방향이 문제와 동일하게 되어 있는가를 확인하는 것이 필요합니다. 예를 들어 문제가 오른쪽의 B부분이 강도가 더 센 단어로 A 〈 B로 제시되어 있다면 답도 A 〈 B를 찾아야 합니다.

relevant < crucial 관련 있는 < 매우 중요한	**peeved < livid** 짜증난 < 격노한
bad < atrocious 나쁜 < 극악한	**unpleasant < detestable** 불쾌한 < 혐오스러운
spacious < boundless 널찍한 < 끝없는	**deep < bottomless** 깊은 < 무한히 깊은
careful < fastidious 조심하는 < 매우 꼼꼼한	**ornate < florid** 장식된 < 장식이 너무 많은

Quiz

Peeved is to livid as

(A) indignant is to remorseful

(B) tempestuous is to stormy

(C) thin is to emaciated

(D) exasperated is to exuberant

(E) stout is to slender

Verb < Verb Degree

동사

whisper : bellow :: tiptoe : stomp

소리지르다 : 말하다 :: 쿵쿵 걷다 : 걷다

문제가 verb : verb로 나온다면 가장 많은 수를 차지하는 문제가 바로 degree 문제입니다. 행동의 크기나 정도에 따라 degree의 차이가 있지요. degree의 차이가 있는 동사들로 묶은 pair입니다. 예를 들어 볼까요?

Examples

nudge < shove 쿡쿡 찌르다 < 거칠게 밀치다	**glance < stare** 흘끗 보다 < 노려보다
request < command 요구하다 < 명령하다	**abash < mortify** 당황하게 하다 < 수치스럽게 하다
elicit < extort 유도하다 < 갈취하다	**compliment < adulate** 칭찬하다 < 아첨하다
suggest < exact 제안하다 < 받아내다	**respect < revere** 존경하다 < 경배하다
sob < wail 흐느끼다 < 통곡하다	**snack < devour** 간단히 먹다 < 걸신들린 듯 먹다

이외에 동사 degree 문제에는 '말하다, 걷다, 쓰다, 먹다, 웃다' 동사들의 다양한 형태가 짝지어져 그 차이를 아는지 묻는 문제들이 자주 출제되는 편입니다. 종류별로 한번 살펴 볼까요?

SPEAK 말하다	**articulate**	또박또박 분명히 발음하다	to speak clearly, coherently
	babble	횡설수설하다	to talk trivially, often incessantly
	bellow	고함치다, 우렁차게 외치다	to roar
	chat	담소를 나누다, 수다를 떨다	to talk, gossip
	converse	대화를 나누다	to talk

SPEAK 말하다	**drivel**	바보같이 쓸데없는 말을 하다	to talk foolishly
	drone	웅웅거리다, 웅얼거리다	to make noise continuously
	enumerate	열거하다, 세어가며 예를 들다	to list or count off one by one
	enunciate	(생각을 명확히) 밝히다	to speak clearly
	equivocate	얼버무리다, 모호하게 말하다	to avoid an issue
	jabber	(흥분해서 알아듣기 힘들게) 지껄이다	to talk incessantly and trivially
	mumble	중얼거리다	to say low and inarticulately
	murmur	속삭이다, 소곤거리다	to make low, continuous sounds
	mutter	(기분이 나빠서) 투덜거리다	to make complaining remarks or noises under one's breath
	pontificate	(자기 의견을) 거들먹거리며 말하다	to talk in a dogmatic and pompous manner
	slur	(보통 술이 취하거나 피곤해서) 불분명하게 발음하다	to utter indistinctly
	stammer	말을 더듬다	to speak haltingly
	stutter	말을 더듬다	to have trouble getting the words out
	whisper	속삭이다	to speak softly
WALK 걷다	**amble**	느긋하게 걷다	to walk leisurely
	canter	(말이) 보통 구보로 달리다	to move a smooth three-beat gait; between a trot and a gallop(for horses)
	charge	급히 가다, 달려가다, 돌진하다	to make a rush at or sudden attack upon, as in battle
	crawl	(가만가만) 기어가다, 기다	to move very slowly
	gallop	(말 등이) 전속력으로 달리다, 질주하다	to bolt, race with slight jumping motion
	hike	도보 여행을 하다	to walk a long way at a leisurely pace

WALK 걷다	jog	(사람이나 말이) 천천히 달리다	to run for recreation
	limp	절뚝거리다	to walk with faltering step
	loiter	어슬렁거리다, 특정한 목적 없이 돌아다니다	to hang around a place with no real purpose
	march	행진하다	to walk with deliberate, short steps that fall in a regular rhythm
	meander	(특히 특별한 목적 없이 이리저리) 거닐다	to wander aimlessly on a winding roundabout course
	migrate	이동하다, 이주하다	to move from one place to another
	parade	퍼레이드 [가두 행진]를 하다	to march in procession
	promenade	산책하다	to take a leisurely walk in public
	ramble	거닐다, 소요하다	to travel aimlessly
	saunter	한가로이 걷다	to stroll at a leisurely pace
	scamper	(아동이나 작은 동물이) 날쌔게 움직이다	to move hurriedly
	scurry	종종걸음을 치다, 총총(허둥지둥) 가다	to move along swiftly
	skitter	잽싸게 (경쾌하게) 달리다	to move about or proceed hurriedly
	slither	(뱀 등이) 스르르 나아가다	to move in a sideways motion, usually silently (like a snake)
	sprint	(짧은 거리를) 전력 질주하다	to run very fast
	stray	(자기도 모르게) 제 길에서 벗어나 헤매다	to wander from a direct course
	stride	성큼성큼 걷다	to walk purposefully
	strut	뽐내며 걷다	to walk pompously
	swagger	으스대며 걷다	to show off; walk pompously
	tiptoe	발끝으로 살금살금 걷다	to walk on one's toes

	tread	디디다, 밟다	to put down or press the foot, place the foot
WALK 걷다	**trot**	(사람이나 말이) 빨리 걷다, 속보로 가다	to move along briskly
	trudge	(지쳐서) 터덜터덜 걷다	to walk heavily
	waddle	(오리나 아기가) 뒤뚱뒤뚱 걷다	to walk like a duck, swaying side to side
	wander	(이리저리 천천히) 거닐다, 돌아다니다, 헤매다	to move about aimlessly
WRITE 쓰다	**compose**	(편지/연설문/시를) 쓰다	to produce a literary work
	delineate	(상세하게) 기술하다	to describe in vivid detail
	doodle	(딴 생각을 하면서) 끄적거리다, 낙서하다	to draw casually
	draft	(아직 완성본이 아닌) 초안을 작성하다	to write a preliminary version of something
	engrave	(돌 · 금속 등에) 새기다	to carve into something, especially stone
	etch	(유리 · 금속 등에) 에칭하다, 새기다	to carve or cut a design or letters into
	formulate	(의견을 공들여) 진술하다	to put into words or an expression
	inscribe	새기다, 새겨 쓰다	to write something in a permanent or formal way
	jot down	(급히) 쓰다	to quickly write something, usually brief notes or reminders
	scrawl	휘갈겨 쓰다, 낙서를 하다	to write erratically
	scribble	갈겨쓰다, 휘갈기다	to write illegibly
	transcribe	(생각 · 말을 글로) 기록하다, 다른 기록 형태로 옮기다	to write out, as from speech or notes
EAT 먹다	**consume**	(음식을) 먹다	to eat immoderately
	devour	(몹시 배가 고파서) 걸신 들린 듯 먹다	to eat hurriedly and completely
	dine	(잘 차린) 식사를 하다, 만찬을 들다	to eat a meal

EAT 먹다	gnaw	갉아먹다, 물어뜯다	to bite or chew
	gobble	게걸스럽게 먹다	to eat hurriedly
	graze	(동물이 풀을) 뜯어먹게 하다, 방목하다	to feed as in a meadow or pasture
	nibble	조금씩 야금야금 먹다	to bite off very small pieces
	relish	맛을 즐기다	to get enjoyment from
	savor	음미하다, 맛을 즐기다	to taste appreciatively
DRINK 마시다	gulp	꿀꺽꿀꺽 삼키다 ; 벌컥벌컥 마시다	to loudly and quickly swallow food, drink, or air
	guzzle	마구 마셔대다	to drink down fast
	imbibe	(특히 술을) 마시다	to take in liquids
	ingest	(음식 · 약 등을) 삼키다	to swallow
	quaff	벌컥벌컥 마시다	to drink down
	sip	홀짝이다, 조금씩 마시다	to drink slowly, in small amounts
	swallow	(음식 등을) 삼키다, (목구멍으로) 넘기다	to envelop completely move food or drink
	swill	꿀꺽꿀꺽(벌컥벌컥) 마시다	to drink large quantities of
LAUGH 웃다	chuckle	빙그레(싱긋) 웃다	to laugh quietly or with restraint
	giggle	키득키득(낄낄) 거리다	to laugh nervously
	gloat	고소한 듯 바라보며 웃다	to express great self-satisfaction
	grin	(소리 없이) 활짝(크게) 웃다	to draw back the lips and reveal the teeth in a smile
	guffaw	시끄럽게(크게) 웃다	to laugh boisterously
	smirk	히죽히죽(능글맞게) 웃다	to smile affectedly or derisively

	snicker	(작은 소리로) 비웃다	to laugh in a disrespectful manner
	snigger	(조용히) 비웃다	to laugh quietly
SECRETLY 몰래하는 행동	**abscond**	(남의 돈을 가지고) 도주하다	to escape, often taking something along
	collude	함께 음모를 꾸미다, 공모하다	to plot together to do something bad secretly
	eavesdrop	엿듣다	to listen without permission
	embezzle	횡령하다	to steal money, often from an employer
	hoard	(비밀리에 많은 돈이나 귀중품 등을) 비축하다	to save something (or lots of things) for future use
	lurk	(나쁜 짓을 하려고 기다리며) 숨어있다	to creep around, hide out, and wait to attack
	peep	(작은 틈으로) 훔쳐보다(살짝 보다)	to look furtively
	pilfer	조금씩 빼돌리다, 좀도둑질을 하다	to steal something, typically of small value
	plagiarize	표절하다	to take without referencing from someone else's writing or speech; of intellectual property
	smuggle	밀수하다, 밀반입(출)하다	to import or export something without paying customs duties
	snoop	몰래 지켜보다	to watch, observe, or inquire secretly
CULINARY VERB 요리 관련 동사	**bake**	(음식을) 굽다	to cook in an oven
	barbecue	숯불 위에 그릴을 얹고 굽다	to cook outside usually on a grill
	batter	반죽, 튀김옷	a mixture of flour, egg, and milk or water used in cooking
	beat	휘젓다, (휘저어) 섞다	to stir vigorously
	blanch	(특히 야채를) 데치다	to cook (vegetables) briefly
	blend	섞다, 혼합하다	to mix together different elements
	boil	끓이다	to heat to bubbling

CULINARY VERB 요리 관련 동사	**broil**	(석쇠, 그릴, 숯불에) 굽다	to cook under direct heat
	chop	(음식 재료를 토막으로) 썰다[다지다]	to cut up with a tool
	crush	으스러뜨리다, 찧다	to compress with violence
	decant	(특히 와인을 한 용기에서 다른 용기에) 붓다 [옮기다]	to pour out
	deep-fry	(음식을 기름에) 튀기다	to fry in boiling oil
	dip	(액체에) 살짝 담그다[적시다]	to put into liquid for a short time
	fry	(기름에) 굽다[부치다], 튀기다	to cook in hot oil
	grate	(강판에) 갈다, 비벼 부스러뜨리다	to reduce to small shreds
	grill	그릴[석쇠]에 굽다	to broil food
	grind	(곡식 등을 잘게) 갈다[빻다]	to crush, into small pieces or powder
	knead	(반죽 등을) 치대다	to mix by pressing
	level	평평하게 하다	to make even or flat
	mash	(음식을 부드럽게) 으깨다	to compress with violence
	mince	(고기 등을) 작은 조각으로 자르다, 다지다	to chop into tiny bits
	panfry	프라이팬에 살짝 튀기다	to fry in a pan
	peel	(과일, 채소 등의) 껍질을 벗기다	to take off an outer covering
	pickle	피클을 만들다; 과일, 채소 등을 소금물에 절이다	to preserve fruit or vegetables
	pit	씨를 빼다	to remove the pits from
	poach	(특히 생선을) 졸이다; 뜨거운 액체속에서 조리하다	to cook in a simmering liquid
	pour	(특히 그릇을 비스듬히 기울이고) 붓다[따르다]	to flow rapidly in a steady stream

	roast	(오븐이나 불 위에 대고) 굽다	to cook with dry heat, usually in an oven
	sauté	(기름에) 볶다	to cook food over high heat, usually in butter or oil
	scramble	(달걀을 휘저어) 스크램블을 만들다	to stir vigorously
	season	양념 하다, 간하다	to add layers of flavor to dishes
	sear	(강한 불에 겉 부분을) 그을리다	to quickly cook or burn the surface by applying intense heat
	serve	(식당 등에서 음식을) 제공하다	to give some food or drink
	simmer	(부글부글 계속) 끓이다[고다]	to boil slowly at low temperature
CULINARY VERB 요리 관련 동사	**slice**	(얇게) 썰다	to cut into portions
	spread	(버터 등을 얇게 펴서) 바르다	to thinly apply to a wide surface
	squeeze	(액체를) 꽉 눌러 짜다	to put pressure on
	stew	(음식을) 뭉근히 끓이다	to boil for a long time
	stir	젓다, 저어가며 섞다	to quickly pan-fry while mixing
	strain	물기를 빼다	to filter or separate solids from liquids
	whisk	(달걀 등을) 휘저어 거품을 내다	to mix quickly with a special, wire tool
	zest	(요리에 향미를 더하기 위해) 허브나 양념을 더하다	to add herbs or spices to

Quiz

Canter is to gallop as

(A) cure is to heal
(B) anchor is to moor
(C) irrigate is to water
(D) plunge is to lunge
(E) jog is to sprint

(E) jog is to sprint

Noun < Noun Degree

명사

pebble : boulder :: gully : canyon

조약돌 : 큰 바위 :: 도랑 : 협곡

크기나 정도의 차이도 noun : noun 형태로도 등장할 수 있습니다.

Examples

happiness < ecstasy 행복 < 황홀경	**sadness < despair** 슬픔 < 절망
tweezers < tongs 족집게 < 집게	**book < tome** 책 < 두꺼운 책
daydream < hallucination 공상 < 환각	**trickle < gush** 졸졸 흐름 < 콸콸 흐름
thrift < stinginess 절약 < 인색함	**love < obsession** 사랑 < 집착
cascade < cataract 작은 폭포 < 큰 폭포	**cave < cavern** 작은 동굴 < 큰 동굴
hill < mountain 언덕 < 산	**brook < river** 시내 < 강
mishap < catastrophe 작은 사고 < 대재난	**chat < speech** 수다 < 연설
snack < banquet 간단한 식사 < 연회	**ripple < wave** 잔물결 < 파도
note < letter 짧은 메모 < 편지	**request < command** 요청 < 명령

hovel < mansion 작은 오두막 < 대저택	**jalopy < limousine** 고물 자동차 < 고급 승용차
spat < brawl 승강이 < 언쟁	**skirmish < battle** 접전 < 전투
ditty < opera 짤막한 노래 < 오페라	**limerick < epic** (5행의 유머러스한 시) 리머릭 < 대서사시
drizzle < downpour 보슬비 < 폭우	**whirlpool < maelstroms** 소용돌이 < 거대한 소용돌이
breeze < gale 미풍 < 돌풍	**crack < chasm** 갈라짐 < 깊은 틈
spark < lightening 불꽃 < 번개	**sleep < coma** 잠 < 혼수상태
pride < arrogance 자존감 < 거만함	**confidence < brashness** 자신감 < 경솔함

Quiz

Ukulele is to guitar as

(A) shark is to fin

(B) fang is to rattlesnake

(C) piccolo is to flute

(D) down is to goose

(E) harpsichord is to piano

1. Glance is to stare as

   (A) skim is to peruse

   (B) scrutinize is to ransack

   (C) cherish is to dream

   (D) behold is to look

   (E) recoil is to bounce

2. Hulking is to big as

   (A) virtuous is to vicious

   (B) emcee is to mike

   (C) towering is to tall

   (D) harmful is to pernicious

   (E) thin is to emaciated

3. Ditty is to opera as

   (A) hurricane is to squall

   (B) aria is to solo

   (C) battle is to skirmish

   (D) trek is to hike

   (E) memorandum is to dissertation

4. Tiptoe is to stomp as

   (A) devour is to starve

   (B) whisper is to bellow

   (C) flood is to chase

   (D) salute is to greet

   (E) contemplate is to consider

5. Book is to tome as

   (A) map is to atlas

   (B) coma is to sleep

   (C) diagram is to machine

   (D) author is to copyright

   (E) guffaw is to grin

STUDIES & SCHOLARS

학문과 학자

The world of academia is truly diverse, isn't it? Moreover, the names of scholars studying various disciplines are also quite varied. While it may not be necessary to memorize the terms encompassing all academic disciplines worldwide, let's organize and familiarize ourselves with the fields of study and notable scholars that are important at the middle and high school levels.

학문과 연구대상

botany : plants :: zoology : animals

식물학 : 식물 :: 동물학 : 동물

botany 식물학은 plants 식물을 연구하는 학문을 말합니다. 마찬가지로 zoology는 animals 동물을 연구하는 동물학을 뜻하지요. zoo가 동물원을 말하니, 쉽게 연상하실 수 있겠지요? 이처럼 학문과 그 연구 대상을 연결 짓는 문제 역시 자주 등장하는 bridge 중 하나입니다.

Examples

aesthetics : beauty 미학 : 아름다움	**petrology : rocks** 암석학 : 암석
phonetics : sound 음성학 : (언어의) 소리	**semantics : meaning** 의미론 : (언어의) 의미
seismology : earthquake 지진학 : 지진	**meteorology : weather** 기상학 : 날씨
archeology : artifacts 고고학 : 유물	**ornithology : birds** 조류학 : 새

Quiz

Ornithology is to bird as

(A) botany is to stone

(B) ranger is to forest

(C) mechanic is to automobile

(D) psychology is to mind

(E) meteorology is to artifact

Answer

(D) psychology is to mind

학자와 연구대상

---

archeologist : artifacts :: meteorologist : weather

고고학자 : 유물 :: 기상학자 : 날씨

학자들도 다양하지만 대부분은 학문을 의미하는 단어에 −ist를 붙이면 됩니다. 예를 들어 지진학자는 seismologist, 심리학자는 psychologist, 기상학자는 meteorologist, 식물학자는 botanist처럼 말이지요. 간단하지요?

Examples

dermatologist : skin 피부과 의사 : 피부	**ophthalmologist : eyes** 안과 의사 : 눈
geriatrician : elderly 노인병 의사 : 노인	**pediatrician : children** 소아과 의사 : 아이들
psychologist : mind 심리학자 : 정신, 심리	**psychiatrist : mental health** 정신과 의사 : 정신 건강
orthopedist : bone 정형외과 의사 : 뼈	**orthodontist : teeth** 치과 교정 전문의 : 치아

Quiz

Pediatrician is to children as

(A) therapist is to infant

(B) chiropractor is to organs

(C) obstetrician is to disabled

(D) orthopedist is to liver

(E) geriatrician is to aged

Answer

(E) geriatrician is to aged

1. Aesthetician is to beauty as

(A) ornithologist is to animals

(B) physician is to operations

(C) geologist is to sound

(D) dermatologist is to skin

(E) alchemist is to chemistry

2. Astronomy is to astrology as

(A) chemistry is to alchemy

(B) polyglot is to linguistics

(C) philosophy is to behaviors

(D) syntax is to phrase

(E) physics is to physiology

3. Phonetics is to sound as

(A) chronology is to color

(B) statistics is to tune

(C) chromatic is to time

(D) semantics is to meaning

(E) acoustics is to philosophy

4. Photography is to image as

(A) caricature is to etching

(B) label is to product

(C) sculpture is to form

(D) tongue is to manuscript

(E) chronology is to science

5. Etymology is to word as

(A) history is to myth

(B) diner is to menu

(C) ornithology is to number

(D) zoology is to plant

(E) meteorology is to weather

PLACES

장소

Pairing places or spaces with their purposes is also a frequently tested type of analogy. It's easy to make mistakes if you think of it as "A has B." Therefore, it's better to view it as "A is created to store B." For example, rather than thinking "There are books in the library," it's better to think "What place is created to store books? The library!" Although there may be relatively few challenging vocabulary words, confusing options are often presented, so solving them calmly is essential.

A is a place created to store B

A는 B를 보관하기 위해 만든 곳

library : books :: warehous : merchandise

도서관 : 책 :: 창고 : 상품

책을 보관하기 위하여 만든 곳이 도서관인 것처럼 탄약을 보관하기 위하여 만든 곳이 무기고이겠지요. 무기고는 armory외에도 ar-senal이라고도 하고, 탄약이란 뜻의 단어로는 munition, ammunition 둘 다 사용합니다.

Examples

strongbox : valuables 금고 : 귀중품	**pantry : food** 식료품 저장소 : 음식
hangar : airplane 격납고 : 비행기	**garage : automobile** 차고 : 자동차
archive : record 기록 보관소 : 기록	**museum : artifact** 박물관 : 공예품

Quiz

Archive is to records as

(A) hangar is to automobile

(B) arsenal is to munitions

(C) provisions is to larder

(D) runway is to landing

(E) turnpike is to steamship

A is a place where B is done

A는 B를 하는 장소

tennis : court :: ice skate : rink

테니스 : 테니스 코트 :: 아이스 스케이트 : 링크

스포츠나 행사들이 벌어지는 장소 등 어떤 action이 행해지는 장소들도 analogy로 묶을 수 있습니다.

Examples

chess : board
체스 : 체스판

basketball : court
농구 : 농구코트

baseball : diamond
야구 : 야구장

bowling : lane
볼링 : 볼링 레인

train : track
기차 : 선로

pool : table
포켓볼 : 당구대

Quiz

Tennis is to court as

(A) hockey is to puck

(B) baseball is to diamond

(C) soccer is to lane

(D) bowling is to field

(E) basketball is to hoop

Answer

(B) baseball is to diamond

A is a place where B lives

A는 B가 사는 곳

aquarium : fish :: arboretum : tree

수족관 : 물고기 :: 수목원 : 나무

동물이 사는 곳도 쉽게 만들 수 있는 analogy입니다. 그런데 이때 사람이 만들어 준 것인지 동물들 스스로 만든 것인지 잘 살펴볼 필요가 있습니다. Analogy 보기에서 인공과 자연을 나누어 생각하는 것은 놓치지 말아야 할 포인트입니다. 꼭 기억하세요.

Examples

· Natural 자연적인 서식지

hive : bee 벌집 : 벌	**nest : bird** 둥지 : 새
den : bear 동굴 : 곰	**desert : cactus** 사막 : 선인장
jungle : parrot 정글 : 앵무새	**savannah : lion** 초원 : 사자

· Artificial 인공적인 서식지

apiary : bee 양봉장 : 벌	**aviary : bird** 새장 : 새
kennel : dog 개집 : 개	**coop : hen** 닭장 : 닭
arboretum : tree 수목원 : 나무	**corral : livestock** (말이나 소를 가두는) 울타리 : 가축

Quiz

Woods is to hare as

(A) reservoir is to penguin
(B) jungle is to buffalo
(C) stream is to trout
(D) oasis is to beaver
(E) plateau is to mesa

Answer

(C) stream is to trout

1. **Strongbox is to valuables as**

    (A) vault is to participants

    (B) gamble is to risk

    (C) museum is to artifacts

    (D) automobile is to locomotive

    (E) magazine is to editorial

2. **Pantry is to food as**

    (A) foyer is to lobby

    (B) cleft is to chasm

    (C) tapestry is to wall

    (D) closet is to clothes

    (E) pencil is to lead

3. **Church is to religion as**

    (A) courthouse is to law

    (B) museum is to detour

    (C) aquarium is to water

    (D) library is to curator

    (E) restaurant is to dinner

4. **Suitcase is to clothing as**

    (A) safe is to lock

    (B) wallet is to money

    (C) camera is to snapshot

    (D) portfolio is to archive

    (E) turtle is to tortoise

5. **Cow is to barn as**

    (A) forehead is to brow

    (B) shovel is to pail

    (C) crib is to nursery

    (D) barrack is to tent

    (E) chicken is to coop

6. Mortuary is to corpse as

    (A) archive is to document

    (B) library is to librarian

    (C) pantry is to gardening tool

    (D) tractor is to farmer

    (E) oasis is to desert

7. Court is to king as

    (A) dungeon is to castle

    (B) canoe is to land

    (C) bureau is to official

    (D) shed is to mansion

    (E) brig is to ship

8. Pool is to table as

    (A) train is to locomotive

    (B) dog is to kernel

    (C) canoe is to dugout

    (D) mine is to coal

    (E) bowling is to lane

9. Chapel is to congregation as

    (A) crime scene is to criminal

    (B) theater is to audience

    (C) discourse is to lecture

    (D) spectator is to arena

    (E) tournament is to referee

10. Chess is to board as

    (A) marathon is to sprint

    (B) knight is to pawn

    (C) soccer is to field

    (D) hockey is to puck

    (E) rink is to skate

PART & WHOLE

부분과 전체

"Part and whole" or "part and part" is also one of the typical analogy bridges. Examine the relationship between a part, which is one of the parts of the whole, and consider which part it belongs to within the whole. The answer varies depending on whether it's the front, middle, or back.

앞? 가운데? 아니면 뒤?

preface : book :: Preamble : Constitution

서문 : 책 :: 헌법 서문 : 헌법

일반적인 책의 서문은 preface라고 합니다. 책에 서문이 있는 것처럼 헌법에도 서문이 있습니다. 미국 헌법 the Constitution의 서문을 Preamble이라고 하지요. 이처럼 전체 Whole 중에 한 Part이면서 앞/중간/끝부분 중 어느 부분에 속하는지를 묻는 문제들이 자주 출제됩니다.

Examples

· 앞쪽

overture : opera 서곡 : 오페라	**prologue : novel** 프롤로그 : 소설
appetizer : meal 에피타이저 : 식사	**salutation : letter** 인사말 : 편지

· 뒤쪽

finale : opera 피날레 : 오페라	**epilogue : novel** 에필로그 : 소설
dessert : meal 디저트 : 식사	**postscript : letter** 추신 : 편지

Part and Whole 문제 푸는 포인트!

앞? 가운데? 아니면 뒤?
부분과 전체를 묻는 문제라고 해서 그냥 속하기만 하면 되는 것이 아니라 그것이 앞쪽인지, 가운데인지, 뒤쪽인지를 살피고 같은 부분에 속하는 것을 찾으시면 됩니다. 예를 들어 문제가 'overture : opera'로 나왔다면 서곡은 오페라의 가장 첫 부분에 등장하는 것이므로 'dessert is to meal'보다는 'appetizer : meal'이 맞는 것이겠지요.

girth : man 허리둘레 : 사람	**caliber : firearm** (총의) 구경, 직경 : (권총 등의) 화기
equator : earth 적도 : 지구	**polygon : perimeter** 다각형 : 둘레길이
movie : clip 영화 : 클립(필름 중 일부만 따로 떼어서 보여 주는 부분)	**novel : excerpt** 소설 : 발췌
pinnacle : mountain 산꼭대기 : 산	**crest : wave** 파도의 맨 윗부분 : 파도
drawstring : sweatpants 졸라매는 끈 : 추리닝 바지	**laces : shoes** 신발끈 : 신발

Quiz

Epilogue is to novel as

(A) canal is to aqueduct

(B) figure is to caption

(C) encyclopedia is to volume

(D) railway is to junction

(E) finale is to opera

Answer

(E) finale is to opera

신체 부위

---

skeleton : body :: frame : building

골격 : 신체 :: 뼈대 : 건물

사람이나 동물의 비슷한 기능을 가진 신체의 일부도 매칭되어 잘 나옵니다. 이때 그냥 속하기만 하면 약합니다. 기능이 비슷한 것을 골라주세요. 예를 들어 skeleton이 body 전체의 뼈대를 구성하고 지지하는 것처럼 frame도 building 전체를 구성하고 지지하게 되지요.

Examples

flipper : seal 지느러미 : 물개	**wing : bird** 날개 : 새
claw : tiger 발톱 : 호랑이	**talon : falcon** 매 발톱 : 매
down : goose 거위털 : 거위	**scale : fish** 비늘 : 물고기
window : drapery 창문 : 휘장	**eye : eyelid** 눈 : 눈꺼풀

Quiz

Flipper is to seal as

(A) tusk is to elephant

(B) gill is to fish

(C) wing is to bird

(D) down is to goose

(E) tentacle is to octopus

> Answer

(C) wing is to bird

1. Caboose is to train as

    (A) lawnmower is to blade

    (B) gasoline is to car

    (C) intermission is to play

    (D) recess is to teaching

    (E) conclusion is to essay

2. Excerpt is to novel as

    (A) fuselage is to airplane

    (B) clip is to movie

    (C) distress is to flare

    (D) mortgage is to house

    (E) door is to bolt

3. Pane is to window as

    (A) script is to play

    (B) knight is to armor

    (C) glass is to tumbler

    (D) lens is to spectacles

    (E) lever is to fulcrum

4. Corridor is to building as

    (A) cylinder is to valve

    (B) fabric is to textile

    (C) novel is to plot

    (D) aisle is to seat

    (E) tunnel is to mine

5. Brig is to ship as

    (A) galley is to kitchen

    (B) dungeon is to castle

    (C) pavement is to intersection

    (D) locomotive is to engine

    (E) hammock is to bed

6. Palette is to painter as

   (A) manuscript is to author
   (B) baton is to conductor
   (C) culinary is to chef
   (D) proscenium is to stage
   (E) cinematography is to director

7. Flipper is to seal as

   (A) stork is to leg
   (B) elephant is to trunk
   (C) wing is to bird
   (D) joey is to kangaroo
   (E) talon is to falcon

8. Dessert is to meal as

   (A) epilogue is to novel
   (B) preface is to book
   (C) eclair is to pastry
   (D) scale is to fish
   (E) whale is to pod

9. Eye is to lid as

   (A) hammer is to pound
   (B) polo is to mallet
   (C) goose is to down
   (D) window is to drapery
   (E) tonic is to invigorate

10. Sweatpants is to drawstrings as

   (A) hats is to brims
   (B) shoes is to laces
   (C) gloves is to gauntlets
   (D) raincoat is to slicker
   (E) poncho is to cape

KINDS

종류 중 하나

This is a problem where you choose "[A is one of the types of B]." Often, with diverse and specific nouns, you may find yourself hesitating due to the words. When you encounter a problem structured as Noun : Noun, consider whether it is asking you to choose "[one of the types]" rather than getting caught up in the words. Since this type is frequently presented, becoming familiar with it will make educated guessing much easier.

A is one of the types of B

A는 B의 종류 중 하나

moccasin : shoes :: pullover : sweater

모카신 : 신발 :: 풀오버 : 스웨터

모카신은 북미 인디언들이 신었던 사슴 가죽으로 만든 납작한 신발을 말합니다. 신발의 한 종류이지요. 마찬가지로 스웨터의 종류 중에 풀오버가 있지요.

Examples

wool : fabric 모직 : 직물	**coal : mineral** 석탄 : 광물
sapphire : gem 사파이어 : 보석	**silk : cloth** 실크 : 옷감
fang : tooth 송곳니 : 이빨	**gauntlet : glove** 갑옷용 장갑 : 장갑

Quiz

Rain is to precipitation as

(A) walnut is to maple

(B) mineral is to coal

(C) copper is to metal

(D) quarry is to marble

(E) ore is to ruby

Answer

(C) copper is to metal

1. Broccoli is to vegetable as

(A) salt is to shaker

(B) truck is to teamster

(C) magazine is to editions

(D) filter is to pool

(E) waltz is to dance

2. Refrigerator is to appliances as

(A) gate is to latch

(B) sole is to foot

(C) tumbler is to bowl

(D) bicep is to muscle

(E) boxer is to trunk

3. Harpsichord is to piano as

(A) chapter is to volume

(B) owl is to wisdom

(C) sapling is to sprout

(D) digest is to stories

(E) abacus is to computer

4. Urn is to vessel as

(A) hamper is to basket

(B) leg is to journey

(C) strongbox is to valuables

(D) experiment is to laboratory

(E) statue is to height

5. Soprano is to singer as

(A) script is to play

(B) glove is to mitten

(C) watch is to timepiece

(D) distrust is to dishonesty

(E) helmet is to gauntlet

6. Quartz is to mineral as

(A) mason is to stone

(B) ruby is to ore

(C) marble is to quarry

(D) fig is to fruit

(E) wool is to sheep

7. Hovel is to mansion as

(A) jalopy is to limousine

(B) helmet is to headgear

(C) molar is to tooth

(D) cooper is to barrel

(E) golf is to club

8. Kidney is to organ as

(A) artery is to vein

(B) brain is to intelligence

(C) femur is to bone

(D) limb is to tendon

(E) lung is to liver

9. Canopy is to bed as

(A) pistol is to rifle

(B) cataract is to cascade

(C) grand is to piano

(D) marquee is to entranceway

(E) tongs is to tweezers

10. Jacket is to coat as

(A) client is to clientele

(B) stool is to chair

(C) regiment is to soldier

(D) tent is to hammock

(E) judge is to magistrate

SHELLS

껍질

These are questions about the outer covering, such as the peel of a fruit or the skin of an animal. Instead of using just one term like "skin" for all, there are various vocabulary words to express the outer covering for different things like fruits, vegetables, and animals.

B as the outer covering of A

B는 A의 껍질, 외피, 가죽

orange : rind :: apple : peel

오렌지 : 오렌지 껍질 :: 사과 : 사과 껍질

같은 과일이라도 사과나 바나나 껍질처럼 얇게 벗겨지는 껍질은 peel, 오렌지나 자몽, 멜론처럼 두껍고 먹지 못하는 껍질은 rind라고 합니다. 옥수수나 곡물의 낱알 껍질을 husk라고 하고, 동물 가죽은 fur나 hide, 또는 skin 등으로 다양하게 표현하지요.

Examples

potato : skin 감자 : 감자 껍질	**banana : peel** 바나나 : 바나나 껍질
corn : husk 옥수수 : 옥수수 껍질	**tree : bark** 나무 : 나무 껍질
horse : hide 말 : 말 가죽	**sable : fur** 흑담비 : 모피
goose : down 거위 : 거위털	**sheep : wool** 양 : 양털
pistol : holster 권총 : 총집	**saber : sheath** 검 : 칼집

Quiz

Banana is to peel as

(A) mountain is to range

(B) seed is to sprout

(C) orange is to rind

(D) thicket is to shrub

(E) grape is to pit

Answer

(C) orange is to rind

1. **Pea is to pod as**

   (A) potato is to skin

   (B) coffee is to bean

   (C) carton is to ounce

   (D) whirlpool is to tornado

   (E) tea is to leaf

2. **Wool is to sheep as**

   (A) pumpkin is to patch

   (B) arm is to starfish

   (C) fur is to sable

   (D) canoe is to river

   (E) grove is to tree

3. **Oyster is to shell as**

   (A) viper is to fang

   (B) cucumber is to eggplant

   (C) chameleon is to camouflage

   (D) envelope is to letter

   (E) flap is to shift

4. **Melon is to rind as**

   (A) almond is to seed

   (B) brain is to skull

   (C) anchor is to moor

   (D) planet is to satellite

   (E) artery is to blood

5. **Corn is to husk as**

   (A) stalk is to celery

   (B) bush is to shrub

   (C) grape is to vineyard

   (D) bounce is to recoil

   (E) tree is to bark

6. Sword is to sheath as

   (A) pistol is to holster

   (B) keyboard is to piano

   (C) loaf is to slice

   (D) hose is to water

   (E) trowel is to shovel

7. Buffalo is to hide as

   (A) amplifier is to guitar

   (B) goose is to down

   (C) building is to scaffold

   (D) screwdriver is to nut

   (E) pants is to trousers

8. Cantaloupe is to rind as

   (A) apple is to crater

   (B) peach is to stone

   (C) banana is to peel

   (D) cherry is to pit

   (E) raspberry is to strawberry

9. Watch is to case as

   (A) under is to cover

   (B) housing is to motor

   (C) mortar is to brick

   (D) oil is to tanker

   (E) pebble is to boulder

10. Earth is to crust as

   (A) desert is to oasis

   (B) boat is to moor

   (C) tool is to shed

   (D) ocean is to surface

   (E) car is to park

UNIT & MEASURE

단위와 측정 도구

Matching problems involving measuring tools or units are also commonly included in the questions. If you solidify your understanding of a few key concepts, you can answer these questions without much difficulty. Take this opportunity to organize your knowledge. Additionally, having a grasp of basic units of measurement like length, area, weight, etc., can be helpful not only for solving math problems but also for various practical applications. Are you aware of that?

단위

heat : calorie :: sound : decibel

열량 : 칼로리 (열량의 단위) :: 소리 : 데시벨 (소리 크기의 단위)

측정 단위와 측정 대상이 연결되는 analogy입니다. 다음 몇 가지 example이 반복해서 출제되는 경우가 많으니 확실히 기억해두세요.

Examples

power : watt 전력 : 와트 (전력의 단위)	**electricity : volt** 전압 : 볼트 (전압의 단위)
light : lumen 빛 : 루멘 (광속 측정 단위)	**temperature : degree** 온도 : 도 (온도 단위)
diamond : carat 다이아몬드 : 캐럿 (다이아몬드 등 보석 류의 무게 단위. 200mg)	**depth : fathom** 깊이 : 패덤 (물의 깊이 측정 단위. 6피트 또는 1.8미터에 해당)
farmland : acre 농지 : 에이커	**distance : yard** 거리 : 야드

Quiz

Carat is to diamond as

(A) calorie is to gallon

(B) pound is to weight

(C) fathom is to power

(D) degree is to volume

(E) pint is to quart

Answer

(B) pound is to weight

이 정도는 진짜 기본

우리나라 시험에서도 1m가 100cm인 것을 묻는 문제는 자주 출제되지 않지만 다 알고 있을 것이라는 전제하에 문제가 변형되어서 출제되는 경우가 많지요? 마찬가지로 미국식 계량의 길이, 무게, 부피의 기본 단위는 알아두셔야 합니다.

Customary System	Length	1 foot (ft.) :: 12 inches (in.) 1 yard (yd.) :: 3 feet :: 36 inches (in.) 1 mile (mi.) :: 5,280 feet
	Area	1 square foot (ft²) :: 144 square inches (in²) 1 square yard (yd²) :: 9 square feet (ft²)
	Weight	1 pound (lb.) :: 16 ounces (oz.) 1 ton (t) :: 2,000 pounds
	Liquid Volume	2 cups (c.) :: 1 pint (pt.) 1 quart (qt.) :: 2 pints (pt.) 1 gallon (gal.) :: 4 quarts (qt.)
Metric System	Length	1 meter (m) :: 100 centimeters (cm) 1 kilometer (km) :: 1,000 meters
	Volume	1 Liter (l) :: 1000 milliliters (ml) :: 1,000 cc
	Mass	1 kilogram (kg) :: 1,000 grams (g) 1 metric ton :: 1,000 kilograms
Converting Between Systems	Length	1 meter > 39.37 inches 1 kilometer > 0.62 miles 1 centimeter > 0.39 inches
	Volume	1 liter > 1.057 quarts
	Mass	1 kilogram > 2.2 pounds 1 gram > 0.035 ounce

Measure

측정 도구

---

scale : weight :: ruler : length

저울 : 무게 :: 자 : 길이

단위와 함께 측정 도구도 잘 나오는 유형입니다.

Examples

odometer : mileage 주행기록계 : 주행거리	**pedometer : steps** 보수계 (걸음 수를 재는 도구) : 걸음
altimeter : height 고도계 : 높이	**barometer : pressure** 압력계 : 압력
thermometer : temperature 온도계 : 온도	**chronometer : time** 정밀 시계 : 시간
compass : direction 나침반 : 방향	**protractor : angle** 각도기 : 각

Quiz

Day is to calendar as

(A) hand is to clock

(B) chronometer is to hue

(C) second is to clock

(D) inch is to weight

(E) compass is to navigation

Answer

(C) second is to clock

1. **Time is to clock as**

    (A) cadence is to march

    (B) fertilizer is to growth

    (C) hourglass is to year

    (D) second is to hand

    (E) direction is to compass

2. **Odometer is to mileage as**

    (A) poem is to meter

    (B) gauge is to pressure

    (C) humidifier is to weight

    (D) thermometer is to chart

    (E) perimeter is to object

3. **Inch is to length as**

    (A) hour is to duration

    (B) anarchy is to law

    (C) scale is to height

    (D) campaign is to reputation

    (E) examination is to understanding

4. **Degree is to temperature as**

    (A) ingredient is to food

    (B) ruler is to length

    (C) calorie is to menu

    (D) decibel is to sound

    (E) frame is to building

5. **Mile is to distance as**

    (A) accordion is to xylophone

    (B) quart is to volume

    (C) decade is to century

    (D) earthquake is to tremor

    (E) dozen is to score

6. Milk is to quart as

(A) flower is to petal

(B) voyage is to itinerary

(C) farmland is to acre

(D) cup is to spoon

(E) foot is to yard

7. Abacus is to computation as

(A) sundial is to timekeeping

(B) ruler is to step

(C) chronometer is to coloring

(D) pyramids is to monument

(E) hourglass is to sand

8. Hourglass is to time as speedometer is to

(A) temperature

(B) humidity

(C) pressure

(D) altitude

(E) velocity

9. Kilogram is to weight

(A) liter is to energy

(B) calorie is to light

(C) Fahrenheit is to temperature

(D) joule is to current

(E) hertz is to volume

10. Knot is to speed as

(A) ohm is to altitude

(B) Celsius is to velocity

(C) yard is to age

(D) joule is to resistance

(E) ampere is to current

GROUP & MEMBERS

집단과 구성원

This is a problem where you choose whether the groups and their members are correctly matched. It can be categorized into two types: group and member problems and whole and component problems. In this case, it's essential to carefully examine the direction of the problem and the direction of the answer, determining whether A belongs to B or vice versa.

Group and Member

집단과 구성원

---

faculty : teacher :: jury : juror

교수진 : 선생님 :: 배심원단 : 배심원

선생님들이 모인 집단을 '교수진, 강사진'이라고 하지요? 즉, faculty 교수진은 teacher 선생님들로 이루어진 그룹이지요. 마찬가지로 juror 배심원이 모여 jury 배심원단이 됩니다.

Examples

constellation : star 별자리 : 별	**archipelago : island** 군도 : 섬
bouquet : flower 꽃다발 : 꽃	**armada : ship** 함대 : 배
mosaic : tile 모자이크 : 타일	**choir : singer** 합창단 : 합창단원
orchestra : instrumentalist 오케스트라 : 연주자	**regiment : soldier** (군대의) 연대 : 군인

Quiz

Regiment is to soldier as

(A) armada is to ship

(B) team is to coach

(C) vault is to valuables

(D) lapel is to jacket

(E) carving is to sculpture

Answer

(A) armada is to ship

Whole and Component

전체와 구성요소

word : sentence :: paragraph : essay

단어 : 문장 :: 문단 : 글

word 단어가 모여 sentence 문장이 되고, paragraph 문단이 모여 essay 에세이, 글이 되겠지요. [A는 B를 만드는 구성요소]의 관계입니다.

Examples

atom : molecule 원자 : 분자	**leg : journey** (여행의 한) 구간 : 여행
chapter : novel 챕터 : 소설	**act : play** 막 : 연극
movement : symphony 악장 : 교향곡	**stanza : poem** (시의) 연 : 시

Quiz

Tune is to note as

(A) gauge is to pressure

(B) ladder is to rung

(C) leaf is foliage

(D) sentence is to word

(E) mend is to clothes

Answer

(D) sentence is to word

1. **Vocabulary is to word as**

   (A) fruit is to seeds
   (B) repertoire is to song
   (C) cave is to cavern
   (D) life is to habitat
   (E) gauze is to blood

2. **Dune is to sand as**

   (A) coffee is to burn
   (B) beach is to boardwalk
   (C) wave is to water
   (D) droplet is to deluge
   (E) nebula is to constellation

3. **Player is to team as**

   (A) cascade is to cataract
   (B) foreman is to jury
   (C) instrumentalist is to orchestra
   (D) herd is to pack
   (E) liquid is to siphon

4. **Galaxy is to stars as**

   (A) parchment is to scroll
   (B) flax is to linen
   (C) oasis is to sand
   (D) archipelago is to islands
   (E) necklace is to clasp

5. **Net is to strings as**

   (A) blade is to knife
   (B) mountain is to range
   (C) odor is to aroma
   (D) grid is to lines
   (E) ox is to yoke

ANIMAL KINGDOM

동물의 왕국

Animal-related problems encompass various types and are frequently presented in diverse ways. It is highly beneficial to organize and review these types, as they tend to appear consistently in analogy questions.

Animal : Adjective

동물 : 형용사

dog : canine :: cat : feline

개 : 개의 :: 고양이 : 고양이의

만약 사자를 백과사전에서 찾아본다고 해봅시다. 아마 이렇게 나오겠죠? '고양이과 포유류로서...' 여기서 '고양이과'에 해당하는 형용사가 feline입니다. '고양이의, 고양이과의, 고양이 같은'에 해당하는 뜻이지요. 동물마다 이런 형용사들이 몇 개 있는데요, 정리해 볼까요?

Examples

bear : ursine 곰 : 곰과의	**bird : avian** 새 : 조류의
beaver : rodent 비버 : 설치류의	**kangaroo : marsupial** 캥거루 : 주머니과의
cow : bovine 소 : 소의	**wolf : lupine** 늑대 : 늑대의

Quiz

Bear is to ursine as

(A) flora is to fauna

(B) reel is to rod

(C) tadpole is to frog

(D) dog is to canine

(E) turtle is to tortoise

Answer

(D) dog is to canine

Female : Male

암컷 : 수컷

ewe : ram :: mare : stallion

암양 : 숫양 :: 암말 : 수말

동물의 종에 따라 암컷, 수컷을 맞게 짝짓는 것도 자주 나오는 문제이지요. 암양은 ewe, 숫양은 ram이라고 하고 암말은 mare, 수말 (종마)은 stallion이라고 합니다. 모든 동물의 암수를 알 수는 없지만 여기에 제시된 몇몇 동물들의 암수 명칭은 기억해두세요.

Examples

goose : gander 암거위 : 수거위	**sow : boar** 암퇘지 : 수퇘지
hen : rooster 암탉 : 수탉	**witch : warlock** 여자 마법사 : 남자 마법사
cow : ox 암소 : 수소	**doe : stag** 암사슴 : 수사슴

Quiz

Ram is to ewe as

(A) gander is to goose

(B) calf is to cow

(C) doe is to buck

(D) hen is to rooster

(E) piglet is to pig

Animal : Dwelling Place

동물 : 사는 곳

> ## rabbit : hutch :: sheep : pen
>
> 토끼 : 토끼장 :: 양 : 우리

'동물 : 사는 곳' 문제는 동물들이 직접 만든 곳인지 사람이 기르기 위해 만든 곳인지를 구분하는 것이 해결의 포인트입니다.

Examples

동물이 만든 곳	
lion : den	사자 : 사자굴
bee : hive	벌 : 벌집
bird : nest	새 : 둥지
rabbit : burrow	토끼 : 굴
bear : cave	곰 : 동굴

사람이 만든 곳	
cattle : corral	가축 : 울타리, 목장
bee : apiary	벌 : 양봉장
bird : aviary	새 : 새장
chicken : coop	닭 : 닭장
horse : stable	말 : 마구간
cow : barn	소 : 외양간
dog : kennel	개 : 개집

Quiz

Apiary is to bee as

(A) coop is to hen

(B) beaver is to stream

(C) crib is to nursery

(D) cactus is to desert

(E) parrot is to jungle

Answer

(A) coop is to hen

Animal : Offspring

동물 : 동물 새끼

kangaroo : joey :: bear : cub

캥거루 : 새끼캥거루 :: 곰 : 새끼곰

동물마다 새끼를 부르는 이름이 따로 있답니다. 세상의 모든 동물과 그 새끼 이름을 다 외울 필요는 없지만, 아래 표만 잘 기억해도 걱정할 필요 없어요.

Examples

동물	어른(어미) : 아이(새끼)
양	sheep : lamb
소	cow : calf
닭	chicken : chick
돼지	pig : piglet
염소	goat : kid
개구리	frog : tadpole
나비	butterfly : caterpillar
고양이	cat : kitten

Quiz

Man is to children as animal is to

(A) joey
(B) cub
(C) eaglet
(D) caterpillar
(E) brood

Answer

(E) brood

동물 : 무리

lion : pride :: wolf : pack

사자 : 사자 떼 :: 늑대 : 늑대 떼

여기서 pride는 사자의 자존심이 아니라 사자 떼를 의미합니다. 마찬가지로 pack는 함께 사냥을 하기 위해 모인 무리를 뜻하는 말로 wolf와 함께 쓰이면 늑대 떼를 뜻하지요.

Examples

동물	동물 : 무리(떼)	동물	동물 : 무리(떼)
양	sheep : flock	가축	cattle : herd
소	cow : herd	개미	ant : colony
물고기	fish : school / shoal	고래	whale : pod
벌레	insect : swarm	까마귀	crow : murder
거위	geese : gaggle	코끼리	elephant : herd / parade

Quiz

Birds is to flock as elephants is to

(A) prairie

(B) herd

(C) pride

(D) school

(E) plateau

Answer

(B) herd

Animal : Sound

동물 : 내는 소리

owl : hoot :: dog : bay

부엉이 : 부엉부엉 울다 :: 개 : 으르렁거리다

Lower Level 문제에서 자주 등장하는 유형으로 [동물과 내는 소리]의 관계입니다. owl 부엉이는 hoot 부엉부엉 울고, dog 개는 bark 짖지요.

Examples

wolf : howl 늑대 : 울부짖다	**donkey : bray** 당나귀 : 시끄럽게 울다
snake : hiss 뱀 : 쉿~소리를내다	**lion : roar** 사자 : 포효하다
duck : quack 오리 : 꽥꽥 소리를 내다	**rooster : crow** 수탉 : 수탉이 울다
bee : buzz 벌 : 웅웅대다	**frog : croak** 개구리 : 개골개골 울다

Quiz

Lion is to roar as snake is to

(A) hiss

(B) snarl

(C) growl

(D) whine

(E) shrill

Answer

(A) hiss

1. Egg is to bird as

    (A) pouch is to kangaroo

    (B) earthworm is to soil

    (C) drop is to water

    (D) bark is to tree

    (E) seed is to plant

2. Panther is to feline as

    (A) flower is to fauna

    (B) meat is to carnivorous

    (C) python is to slippery

    (D) bird is to avian

    (E) lung is to amphibian

3. Quills is to porcupine as

    (A) tail is to ferret

    (B) mane is to horse

    (C) dolphin is to flipper

    (D) plumage is to cardinal

    (E) scent is to skunk

4. Snake is to slither as

    (A) beaver is to dam

    (B) elephant is to lumber

    (C) car is to honk

    (D) bee is to sting

    (E) eagle is to aquiline

5. Wolf is to howl as

    (A) wallow is to pig

    (B) snake is to hiss

    (C) honeycomb is to bee

    (D) crystal is to jewelery

    (E) coral is to reef

WITHOUT

결핍

The type of 'A is a state without B' is one that frequently appears. It can be easily understood that when B is lacking or absent, the state of A is achieved. When problems are presented in the form of adjective : noun, it's worth examining if it represents a without relationship rather than a with relationship.

A는 B가 없거나 부족한 관계

famine : food :: drought : water

기근 : 식량 :: 가뭄 : 물

food 식량이 없는 상태를 famine이나 starvation 기근이라고 합니다. 마찬가지로 water 물이 부족한 상태를 drought 가뭄이라고 하지요. [A는 B가 없는] without 관계의 전형입니다.

Examples

apathetic : compassion 냉담한 : 동정	**ingenuous : guile** 솔직한 : 속임수
frivolous : gravity 경박한 : 진지함	**accident : intention** 사고 : 고의성
slack : tension 느슨한 : 긴장	**impeccable : flaw** 흠 없는 : 결점
numb : sensation 마비된 : 감각	**brash : discretion** 경솔한 : 신중함
suffocation : air 질식 : 공기	**starvation : nourishment** 기아, 굶주림 : 음식물, 영양

Quiz

Ruthless is to pity as

(A) insightful is to discretion

(B) parched is to moisture

(C) restrained is to limit

(D) deliberate is to intention

(E) bewitched is to bewilderment

Answer

(B) parched is to moisture

1. Disregard is to awareness as

(A) meander is to direction

(B) arid is to ventilation

(C) pretentious is to refinement

(D) haughty is to pomposity

(E) noble is to gentility

2. Frequency is to rarity as

(A) vulgarity is to disrespect

(B) deity is to religion

(C) maternity is to paternity

(D) fidelity is to feud

(E) eminence is to lowliness

3. Suffocation is to air as

(A) morality is to conscience

(B) boon is to advantage

(C) dehydration is to water

(D) penitent is to regret

(E) starvation is to fund

4. Assured is to uncertainty as

(A) insecure is to doubt

(B) optimistic is to objective

(C) indefatigable is to stamina

(D) glib is to profundity

(E) listless is to frivolity

5. Foolhardy is to discretion as

(A) bashful is to attention

(B) condescending is to respect

(C) wary is to caution

(D) obliging is to gratitude

(E) canny is to humiliation

6. Invisible is to presence as

(A) mutable is to sound

(B) monochromatic is to pigment

(C) weighty is to mass

(D) odorless is to scent

(E) tasteful is to style

7. Immaterial is to substance as

(A) tangible is to touch

(B) audible is to spectator

(C) corporeal is to body

(D) ineffable is to expression

(E) animated is to life

8. Refined is to vulgarity as

(A) homely is to audibility

(B) insightful is to deception

(C) unaware is to attention

(D) winsome is charm

(E) hospitable is to amity

9. Priceless is to price as

(A) invaluable is to value

(B) insomnia is to sleep

(C) flawless is to expertise

(D) ruthless is to mercy

(E) fearless is to trepidation

10. Amorphous is to shape as

(A) clueless is to sensation

(B) reckless is to discretion

(C) shameless is to ignorance

(D) timeless is to immortality

(E) ageless is to ambition

GENRE

장르

This is a genre problem that asks about the form of art, specifically which genre it belongs to and what content it deals with.

hymn : praise :: dirge : grief

찬송가 : 찬양 :: 애도가 : 슬픔

찬송가 hymn은 praise 찬양하기 위해 만든 노래이고, dirge 애도가는 grief 슬픔을 표현하기 위해 만든 것이지요.

Examples

eulogy : tribute 추도사 (고인을 기리는 말) : 헌사 (존경을 담아 바치는 말)	**lampoon : satire** 풍자문 : 풍자
paean : triumph 승리의 찬가 : 승리	**elegy : lament** 애가 : 애도
limerick : humor 리머릭 : 유머	**parody : imitation** 패러디 : 모방

Quiz

Lampoon is to satire as

(A) epic is to haiku

(B) ditty is to opera

(C) limerick is to sonnet

(D) parody is to imitation

(E) obituary is to editorial

Answer

(D) parody is to imitation

1. Ballad is to poem as

(A) composer is to play

(B) ballet is to tutu

(C) overture is to musical

(D) dance is to waltz

(E) opera is to drama

2. Ebony is to wood as

(A) essay is to nonfiction

(B) beverage is to soda

(C) prose is to verse

(D) journalism is to newspaper

(E) literature is to poetry

3. Caricature is to portrait as

(A) anecdote is to narrative

(B) vegetable is to colander

(C) blurb is to advertisement

(D) monogamy is to mate

(E) orator is to speech

4. Lullaby is to sleep as

(A) anthem is to celebration

(B) band is to orchestra

(C) sermon is to pulpit

(D) lyric is to song

(E) jazz is to music

5. Epic is to haiku as

(A) checker is to player

(B) reprimand is to rebuke

(C) sunflower is to plant

(D) dirt is to soil

(E) letter is to note

6. Eulogy is to tribute as

(A) accolade is to recognition

(B) toast is to lament

(C) subpoena is to adoration

(D) proclamation is to litigation

(E) announcement is to law

7. Satire is to mockery as

(A) proclamation is to forewarning

(B) editorial is to treaty

(C) legend is to story

(D) epigram is to wit

(E) deeds is to consequence

8. Anthem is to patriotism as

(A) lament is to grief

(B) memorandum is request

(C) complaint is to satisfaction

(D) synopsis is to playwright

(E) petition is to summary

9. Parody is to imitation as

(A) testimony is to witness

(B) affidavit is to bequest

(C) will is to oath

(D) declaration is to emancipation

(E) limerick is to humor

10. Hymn is to devotion as

(A) manifesto is to gratification

(B) epitaph is to remembrance

(C) pronouncement is to triumph

(D) contract is to individual

(E) white paper is to yellow paper

ACTION & EMOTION

행동과 감정

This is a problem where you match actions to emotions. It represents the relationship where performing an action A expresses or is expressed by an emotion B.

A represents B

B(감정)를 나타내는 A(행동)

---

grin : delight :: frown : disgust

싱긋 웃다 : 행복 :: 얼굴을 찌푸리다 : 불쾌

마음 속에 happiness 행복이 있으면 grin 싱긋 웃게 되지요. 마찬가지로 frown 얼굴을 찌푸리는 것은 displeasure 불쾌함을 표현하기 위함이지요. [마음 속의 감정 B를 드러내는 표정이나 행동 A]의 관계입니다.

Examples

obeisance : submission 고개 숙여 하는 절 : 복종	**blush : embarrassment** 얼굴을 붉히다 : 당황
wince : pain 찡그리다 : 고통	**glare : anger** 노려보다 : 분노
nod : assent 끄덕이다 : 동의	**embrace : affection** 껴안다 : 애정
yawn : fatigue 하품하다 : 피로	**grumble : discontentment** 투덜대다 : 불만

Quiz

Embrace is to affection as

(A) trespass is to property

(B) salute is to respect

(C) repose is to weariness

(D) stagger is to solidness

(E) glare is to suspicion

(B) salute is to respect

Exercise

1. Sneer is to contempt as

    (A) trudge is to pomposity

    (B) groan is to delight

    (C) prance is to indifference

    (D) grin is too delight

    (E) murmur is to certainty

2. Cower is to fear as

    (A) pardon is to parole

    (B) flinch is to pain

    (C) snarl is to jabbering

    (D) accuse is to guilt

    (E) uproar is to determination

3. Radiant is to happiness as

    (A) querulous is to reconciliation

    (B) deserted is to army

    (C) blushed is to embarrassment

    (D) graceful is to permission

    (E) dreadful is to wonder

4. Laughter is to amusement as

    (A) nod is to approval

    (B) swing is to manipulation

    (C) jump is to leap

    (D) gesture is to trustworthiness

    (E) comma is to punctuation

5. Complacent is to contentment as

    (A) self-effacing is to modesty

    (B) pompous is to charisma

    (C) intricate is to thoughtfulness

    (D) substitute is to sincerity

    (E) contradict is to curiosity

6. Grimace is to disgust as

(A) wrench is to fatigue

(B) twitch is to happiness

(C) tremble is to fortitude

(D) lurch is to safety

(E) flail is to panic

7. Shudder is to repulsion as

(A) writhe is to pain

(B) stir is to thankfulness

(C) wriggle is to serenity

(D) jerk is to placidity

(E) stomp is to fatigue

8. Groan is to frustration as

(A) sob is to awkwardness

(B) chuckle is to uneasiness

(C) gloat is to shame

(D) sigh is to relief

(E) clap is to sadness

9. Squirm is to discomfort as

(A) glare is to dehydration

(B) jump is to revulsion

(C) fidget is to nervousness

(D) shift is to duty

(E) flutter is to butterfly

10. Gasp is to surprise as

(A) vertigo is to anticipation

(B) hurl is to apprehension

(C) giggle is to anxiety

(D) sprint is to gratitude

(E) frown is to aversion

PRODUCT & MATERIAL

산출물과 재료

This represents the relationship between a product A and its ingredients B. When you think of A as a finished product easily available in the market, it could be processed or manufactured goods. Of course, B could include ingredients like sugar, grapes, thread, etc., which can also be found in the market.

A is made of B

A(산출물)와 B(재료)의 관계

pottery : clay :: candle : wax

도자기 : 점토 :: 양초 : 밀납

pottery는 clay 점토로 만들고 candle 양초는 wax 밀납으로 만들지요.

Examples

tire : rubber 타이어 : 고무	**wine : grape** 와인 : 포도
lace : thread 레이스 : 실	**glass : sand** 유리 : 모래
steel : iron 강철 : 철	**brass : copper** 황동 : 구리

Quiz

Tire is to rubber as

(A) winnow is to chaff

(B) bead is to necklace

(C) flax is to linen

(D) lace is to thread

(E) clay is to molding

Answer

(D) lace is to thread

1. Tea is to leaf as

(A) fin is to shark

(B) coffee is to bean

(C) wound is to malfunction

(D) candle is to wick

(E) hide is to horse

2. Milk is to butter as

(A) wood is to paper

(B) mill is to miller

(C) slingshot is to stone

(D) revolver is to trigger

(E) candy is to sugar

3. Clay is to pottery as

(A) mural is to painting

(B) cub is to pouch

(C) infant is to toddler

(D) stone is to masonry

(E) button is to shirt

4. Wine is to grape as

(A) mine is to ore

(B) lead is to pencil

(C) weeds is to soil

(D) candle is to wax

(E) quarry is to game

5. Spider is to web as

(A) moth is to butterfly

(B) fish is to rod

(C) birds is to feathers

(D) sheep is to herd

(E) bee is to beehive

6. Steel is to iron as

(A) glass is to sand

(B) tile is to mosaic

(C) church is to chapel

(D) star is to constellation

(E) faculty is to student

7. Brass is to copper as

(A) silver is to tarnish

(B) window is to sill

(C) woodwork is to lumber

(D) host is to parasite

(E) lodging is to accommodation

8. Wine is to grape as

(A) soda is to fermentation

(B) beer is to barley

(C) black is to tea

(D) jam is to spatula

(E) butter is to churn

9. Apple is to cider as

(A) film is to camera

(B) gardening is to seed

(C) juice is to carrot

(D) olive is to oil

(E) waffle is to pancake

10. Poetry is to word as

(A) dance is to movement

(B) song is to tune

(C) building is to architect

(D) religion is to crusader

(E) map is to navigator

CHAPTER
16

LIST & COLLECTION

목록과 컬렉션

This type involves connecting a given schedule or list to the specific content it contains. Not all lists are called lists, and you can consider it as the relationship between A (chart, schedule, roster, list, etc.) and B (discussed issues, information).

agenda : meeting :: itinerary : travel

회의 일정표 : 회의 :: 여행 일정표 : 여행

agenda는 회의 스케줄을 말합니다. 논의한 이슈와 일정이 함께 쓰여있지요. itinerary는 여행 일정표로 여행 스케줄과 장소, 그 외의 정보들이 적힌 것을 말합니다. 이렇듯 표나 리스트와 그 적힌 내용이 연결된 관계도 전형적인 문제 유형 중 하나이지요.

Examples

roster : name
명단 : 이름

playlist : song
재생목록 : 곡

inventory : goods
재고목록 : 상품

index : topic
색인 : 주제

manifest : cargo
(배 · 비행기의) 화물 목록, 승객명단 : 화물

ledger : transaction
거래장부 : 거래

Quiz

Receipt is to item as

(A) movement is to symphony

(B) roster is to name

(C) topic is to index

(D) quantity is to inventory

(E) ledger is to tally

Books and their Contents

책과 담긴 정보

lexicon : word :: anthology : literary work

어휘 : 어휘 목록 :: 시집, 문집 : 문학작품

lexicon은 특정 언어나 분야의 어휘 목록을 말합니다. 예를 들어 'a lexicon of technical scientific terms'이라 하면 '과학 기술 용어 사전'이란 뜻이 되지요. anthology는 여러 작가가 쓴 다양한 작품을 한 권의 책으로 모아 낸 것을 말하지요. 이렇듯 앞에 있는 요소들을 모아 책이나 모음을 매칭하는 것도 알아둬야 할 유형이지요.

Examples

cookbook : recipe
요리책 : 요리법

manual : instruction
설명서 : 설명

atlas : map
지도책 : 지도

almanac : event
연감 : 사건

thesaurus : word
동의어사전 : 단어

bibliography : title
참고문헌 : 책 제목

Quiz

Atlas is to map as

(A) wrist is to watch

(B) sleep is to coma

(C) almanac is to year

(D) boat is to rowing

(E) anthology is to work

Answer

(E) anthology is to work

1. Menu is to foods as

(A) delusion is to reality

(B) catalog is to goods

(C) sign is to detour

(D) tide is to current

(E) inlet is to bay

2. Itinerary is to journey as

(A) atlas is to map

(B) brochure is to pamphlet

(C) agenda is to meeting

(D) asteroid is to vapor

(E) patience is to rage

3. Lexicon is to definitions as

(A) catalog is to discourse

(B) latch is to gate

(C) mind is to matter

(D) topic is to index

(E) anthology is to works

4. Time is to schedule as

(A) money is to budget

(B) line is to graph

(C) perception is to sanity

(D) dish is to recipe

(E) rally is to attendance

5. Roster is to names as

(A) rendezvous is to anniversary

(B) apostrophe is to contraction

(C) index is to topics

(D) manual is to machines

(E) ledger is to numbers

LIKELY & UNLIKELY

가능성이 높은, 낮은

This type frequently appears in the form of adjective : verb. It can be divided into two categories: 'A is likely to do B' or 'A is unlikely to do B.' For example, in the case of "likely," someone with an adventurous nature enjoys actual adventures and travels boldly. Similarly, highly flammable substances ignite easily. On the other hand, with "unlikely," a stubborn person is unlikely to submit to anyone, and rigid objects are difficult to fold no matter what you do.

A는 B할 가능성이 높은

dubious : doubt :: credulous : believe
의심많은 : 의심하다 :: 쉽게 속는 : 믿다

dubious 의심많은 사람은 doubt 잘 의심할 가능성이 높죠. 마찬가지로 credulous 잘 속는 사람은 쉽게 believe 믿습니다.
[A는 B할 가능성이 높은] likely 관계입니다.

Examples

reckless : risk
무모한 : 위험을 감수하다

venturesome : venture
모험을 좋아하는 : 모험

flammable : ignite
가연성의 : 점화하다

malleable : shape
(금속등을 펴서) 모양을 변화시킬 수 있는 : 모양을 만들다

cogent : convince
설득력 있는 : 확신시키다

susceptible : influence
영향을 잘 받는 : 영향을 끼치다

Quiz

Flammable is to ignite as

(A) credulous is to doubt

(B) inflammable is to combust

(C) susceptible is to venture

(D) malleable is to convince

(E) venturesome is to influence

Answer

(B) inflammable is to combust

Unlikely

A는 B할 가능성이 낮은

stable : collapse :: faithful : betray

안정적인 : 무너지다 :: 충성스러운 : 배신하다

stable 안정적인 것은 쉽게 collapse 무너지지 않지요. 마찬가지로 faithful 충성스러운 사람은 쉽게 betray 배신하지 않습니다. [A는 B할 가능성이 낮은] unlikely 관계입니다.

Examples

truthful : deceive
진실한 : 속이다

recalcitrant : obey
고집센 : 복종하다

ramshackle : withstand
금방이라도 무너질 것 같은 : 지탱하다

stiff : bend
뻣뻣한 : 구부리다

Quiz

Ramshackle is to withstand as

(A) rigid is to bend

(B) creased is to unfold

(C) taut is to tighten

(D) agreeable is to rub

(E) comparable is to bite

Answer

(A) rigid is to bend

1. Modify is to invariable as

    (A) shun is to unfettered

    (B) repent is to punitive

    (C) defend is to untenable

    (D) prosper is to vigorous

    (E) ostracize is to evicted

2. Countless is to enumerate as

    (A) palpable is to flutter

    (B) uneasy is to disquiet

    (C) intangible is to touch

    (D) redundant is to repeat

    (E) minute is to enlarge

3. Boundless is to limit as

    (A) unending is to terminate

    (B) concise is to abridge

    (C) inclement is to behold

    (D) defer is to confer

    (E) pardon is to parole

4. Potable is to drink as

    (A) feeble is to touch

    (B) ignorant is to learn

    (C) fragile is to break

    (D) visible is to see

    (E) culinary is to taste

5. Slippery is to slide as

    (A) dingy is to cleanse

    (B) enviable is to organize

    (C) permissive is to dispatch

    (D) foolhardy is to risk

    (E) disgruntled is to comply

SYMBOL

상징

The relationship between [Symbolic beings or objects] and [Sentence punctuation and usage] has been organized. While questions related to symbolism may not be frequently presented, having knowledge in this area can be convenient. Since English-speaking cultures have strong roots in Greek and Roman mythology, understanding mythology can also be helpful when solving analogy questions, as questions related to the names of gods and what they symbolize may arise.

Symbolic beings or objects

상징이 되는 존재나 물건

owl : wisdom :: dove : peace

올빼미 : 지혜 :: 비둘기 : 평화

부엉이가 박사 모자 쓰고 있는 그림 보신 적 있지요? 부엉이나 올빼미는 지혜를 상징합니다. 그래서 올빼미는 지혜의 여신인 아테네의 상징이기도 하지요. 마찬가지로 dove 비둘기는 peace 평화를 상징하지요.

Examples

ant : diligence 개미 : 부지런함	**mule : obstinacy** 노새 : 완고함
laurel : honor 월계관 : 영예	**shackle : confinement** 족쇄 : 속박, 감금
Nemesis : punishment 네메시스 (복수의 여신) : 천벌 (피할 수 없는 벌, 복수)	**Athene : wisdom** 아테네 (지혜의 여신) : 지혜

Quiz

Ant is to diligence as

(A) shackle is to freedom

(B) owl is to wisdom

(C) masquerade is to veracity

(D) charm is to amulet

(E) cohesion is to union

Answer

(B) owl is to wisdom

Punctuation and Usage

문장 부호와 용법

comma : pause :: period : end

쉼표 : 쉼 :: 마침표 : 끝

문장 부호는 대표적이고 일반적인 '상징'입니다. comma는 '잠깐 쉼'을 상징하고, period 마침표는 '끝'을 뜻하지요.

Examples

exclamation point : exclamation
느낌표 (!) : 감탄

colon : quote
콜론 (:) : 인용

semicolon : example
세미콜론 (;) : 예

ellipse : omission
말 줄임표 (…) : 생략

bracket : explanation
대괄호 ([ ]) : 설명

parentheses : enclosure
괄호 (( )) : 포함

hyphen : connection
하이픈 (−) : 연결

dash : paraphrase
대쉬 (—) : 말을 바꾸어 설명함

Quiz

Comma is to pause as

(A) colon is to insertion

(B) hyphen is to end

(C) exclamation point is to admiration

(D) liaison is to paraphrase

(E) ellipsis is to connection

Answer

(C) exclamation point is to admiration

1. Bench is to judge as

    (A) stethoscope is to pacifist

    (B) member is to committee

    (C) alliance is to antagonist

    (D) throne is to king

    (E) skirmish is to battle

2. Trophy is to victory as

    (A) license is to permission

    (B) apology is to gratitude

    (C) philanthropy is to donation

    (D) treaty is to nations

    (E) amulet is to conjure

3. Crown is to monarch as

    (A) carpet is to fiber

    (B) helicopter is to rotor

    (C) shackle is to convict

    (D) chandelier is to ceiling

    (E) goggles is to gourmet

4. Fox is to slyness as

    (A) rabbit is to lethargy

    (B) pig is to wily

    (C) submarine is to sonar

    (D) laurel is to honor

    (E) bird is to chirp

5. Dove is to peace as

    (A) Athena is to revenge

    (B) mule is to stubbornness

    (C) gold is to altercation

    (D) antique is to furniture

    (E) Nemesis is to prowess

RESTRICTION

제한, 제약

The relationship "A restricts or removes B." can be classified into two main types: "A restricts B." and "A removes B." In the context of "A prevents B," it signifies that A is done to reduce or alleviate B. On the other hand, in the case of "A removes B," it implies that A is any action or method undertaken to eliminate or cancel B completely.

A prevents B

A는 B를 막다

binding : movement :: blindfold : sight

속박 : 움직임 :: 안대 : 시야

binding 속박은 movement 움직임을 제한하고, blindfold 안대는 sight 시야를 가리죠. 이렇게 A는 B를 막거나 제한하는 관계입니다.

Examples

· A는 B를 막는 것

snag : progress [예상밖의] 난관, 어려움 : 진행	**muffler : noise** 소음기 : 소음
paint : corrosion 페인트 : 부식	**lubricant : friction** 윤활유 : 마찰

· A는 B를 잠그는것

bolt : door 빗장 : 문	**combination : safe** 암호 : 금고
clasp : necklace 잠금쇠 : 목걸이	**seal : letter** 봉인 : 편지

Quiz

Lubricate is to friction as

(A) muffle is to access

(B) alleviate is to pain

(C) accelerate is to speed

(D) prolong is to duration

(E) rejuvenate is to vigor

Answer

(B) alleviate is to pain

A removes B

A는 B를 제거하다

cure : malady :: purify : impurities

치료하다 : 질병 :: 정화하다 : 불순물

malady 질병을 없애는 것이 cure 치료하는 것이지요. 마찬가지로 impurities 불순물을 없애는 것이 purify 정화하는 것입니다. [A는 B를 제거하다, 없애다] 관계입니다.

Examples

squander : money 탕진하다 : 돈	**dawdle : time** (시간을) 낭비하다 : 시간
extinguish : fire 불끄다 : 불	**quell : uprising** 진압하다 : 반란
revoke : license (면허를) 취소하다 : 면허	**rescind : law** (법률을) 철폐하다 : 법률

Quiz

Squander is to money as

(A) evict is to home

(B) duplicate is to contents

(C) shift is to budget

(D) banish is to country

(E) dawdle is to time

(E) dawdle is to time

1. Cure is to disease as

   (A) blaze is to smoke

   (B) own is rich

   (C) conjure is to amulet

   (D) purify is to contamination

   (E) tame is to train

2. Camouflage is to detection as

   (A) alias is to anonymity

   (B) medal is to disgrace

   (C) blindfold is to auditory

   (D) pony is to horse

   (E) snag is to progress

3. Decelerate is to speed as

   (A) counteract is to assault

   (B) debase is to value

   (C) reprimand is to truant

   (D) deprive is to need

   (E) Unhook is to latch

4. Shear is to wool as

   (A) sweep is to broom

   (B) reap is to rye

   (C) accede is to falsehood

   (D) squabble is to tiff

   (E) barter is to trade

5. Abate is to tax as

   (A) enlist is to deserter

   (B) imitate is to copy

   (C) recruit is to cadet

   (D) dismantle is to atom

   (E) emend is to fault

NOUN : ADJECTIVE

명사 : 형용사

The pair "noun : adjective" represents a common and versatile problem type. It is characterized by the simplicity of the structure while offering a variety of adjectives. It is advisable to familiarize yourself with examples for better understanding.

Noun : Adjective

명사 : 형용사

tree : arboreal :: star : astral

나무 : 나무의 :: 별 : 별의

solar는 sun 태양의 형용사형이지요. 마찬가지로 lunar는 moon 달의 형용사형입니다. [noun 명사 A의 형용사형 B]가 연결된 관계입니다.

Examples

day : diurnal 낮 : 주행성의, 낮의	**night : nocturnal** 밤 : 야행성의, 밤의
play : histrionic 연극 : 연기의	**city : municipal** 도시 : 도시의
earth : terrestrial 지구 : 지구의, 땅의	**sky : celestial** 하늘 : 하늘의, 천상의
cooking : culinary 요리 : 요리의	**money : pecuniary** 돈 : 재정의, 돈의

Quiz

Mystery is to enigmatic as

(A) money is to pecuniary

(B) shelter is to slovenly

(C) time is to infinity

(D) knitting is to dexterous

(E) object is to jumbled

Answer

(A) money is to pecuniary

1. Osseous is to bones as

    (A) moon is to papal

    (B) ligneous is to wood

    (C) planet is to orbital

    (D) setting is to contradictory

    (E) flare is to glacial

2. Pope is to papal as

    (A) apology is to apologia

    (B) paragraph is to sequential

    (C) fatigue is to indefatigable

    (D) city is to municipal

    (E) vision is to ideal

3. Day is to diurnal as

    (A) prey is to convenient

    (B) tournament is to laid-back

    (C) night is to nocturnal

    (D) ritual is to durable

    (E) flaw is to impeccable

4. Earth is to terrestrial as

    (A) heaven is to celestial

    (B) illusion is to inaccurate

    (C) trace is to questionable

    (D) occupation is to suitable

    (E) vacation is to leisurely

5. Money is to monetary as

    (A) fund is to raising

    (B) mirage is to hallucination

    (C) participant is to disturbing

    (D) apparel is to sturdy

    (E) tree is to arboreal

6. Road is to winding as

(A) river is to meandering

(B) bridge is to aged

(C) symbol is to veiled

(D) civic is to city

(E) figure is to historic

7. Desert is to arid as

(A) brig is to cozy

(B) citadel is to impregnable

(C) bulwark is to hidden

(D) castle is to moat

(E) dungeon is to prison

8. Tyrant is to despotic as

(A) librarian is to illegitimate

(B) colossus is to tiny

(C) nexus is to precocious

(D) luminary is to illustrious

(E) prodigy is to pivotal

9. Flower is to floral as

(A) marriage is to martial

(B) ocean is to celestial

(C) avian is to bird

(D) land is to marine

(E) tree is to arboreal

10. Ice is to glacial as

(A) wind is to seismic

(B) earthquake is to tremor

(C) fire is to igneous

(D) snow is to pluvial

(E) rain is to freshet

SYNONYMS

동의어

It might seem like the most straightforward synonym relationship, representing a relationship that can be created with all the words memorized as synonyms. The key to this problem is to be cautious about whether it is a degree relationship. Although it may initially appear as synonyms, if there is a subtle difference in degree between the words paired, it may not be a synonym relationship, and you should be alert to the possibility. It is likely that the options will involve synonym relationships, and the question is whether you can distinguish between a synonym problem and a degree problem.

ecumenical : universal :: enigmatic : mysterious

전세계적인 : 보편적인 :: 수수께끼 같은 : 불가사의한

ecumenical이나 universal 모두 '세계적인, 보편적인'이란 의미의 동의어입니다. 수수께끼를 의미하는 enigma에서 유래된 enigmatic과 mysterious 역시 '수수께끼 같은, 불가사의한'이란 의미의 동의어 들이죠. [A::B] 동의어끼리 짝지어진 관계입니다. opening에서 말씀 드렸듯이 degree를 묻는 문제가 아닌지 잘 살펴보기 바랍니다.

Examples

compliment : ovation 찬사 : 환호	**vulnerable : susceptible** 상처받기 쉬운 : 감수성이 예민한
infamy : disgrace 악명 : 불명예	**wily : sly** 교활한 : 간교한
savory : palatable 맛좋은 : 맛있는	**instigate : incite** 자극하다 : 선동하다

Quiz

Force is to compel as

(A) revise is to concur

(B) impart is to manipulate

(C) forecast is to convey

(D) reproduce is to elude

(E) halt is to stop

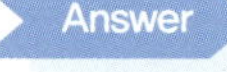

(E) halt is to stop

1. Late is to overdue as unfledged is to

(A) premature

(B) tardy

(C) dormant

(D) untenable

(E) impregnable

2. Stipulation is to requirement as

(A) tedium is exhilaration

(B) still life is to object

(C) portrait is to bibliography

(D) law is to obligation

(E) scenery is to watercolor

3. Easy is to facile as

(A) chilly is to frigid

(B) warm is to torrid

(C) dim is to murky

(D) tempestuous is to wind

(E) adroit is to sensitive

4. Palatable is to delicious as

(A) intoxicating is to sobering

(B) distinctive is to mingled

(C) contemplative is to beneficial

(D) acceptable is to indecent

(E) laden is to overloaded

5. Substantiate is to prove as

(A) rotate is to halt

(B) hurl is to fling

(C) defy is to comply

(D) allay is to stimulate

(E) arouse is to assuage

6. Tremendous is to colossal as

(A) minute is to minuscule

(B) courteous is to impeccable

(C) slothful is to nimble

(D) gracious is to graceful

(E) real is to surreal

7. Copious is to profuse as

(A) sluggish is to ample

(B) temperate is to extreme

(C) rational is to emotive

(D) corpulent is to obese

(E) novel is to obsolete

8. Beautiful is to gorgeous as

(A) fast is to furious

(B) terrific is to hideous

(C) comely is to charming

(D) sober is to drunk

(E) intoxicating is to sane

9. Picturesque is to quaint as

(A) idyllic is to hectic

(B) vintage is to modern

(C) cutting-edge is to antique

(D) tentative is to eternal

(E) Machiavellian is to crafty

10. Groundbreaking is to innovative as

(A) revolutionary is to conservative

(B) seminal is to chronic

(C) original is to banal

(D) pioneering is to trailblazing

(E) dainty is to avant-garde

ANTONYMS

반의어

While it may be tempting to think of it as an antonym relationship, be careful not to confuse it with the Unlikely relationship mentioned in 17-2. Antonym relationships are paired with words of the same part of speech.

Antonyms

반의어 관계

---

authentic : sham :: genuine : spurious

진품의 : 모조의 :: 진짜의 : 가짜의

---

authentic과 genuine은 '진품의, 진짜의'란 의미이고 sham과 spurious는 '가짜의, 허위의'라는 의미가 있습니다. 따라서 이 두 단어가 하나씩 짝지어진 위의 관계는 antonyms 반의어 관계이지요.

Examples

real : imaginary
진짜의 : 상상의

impregnable : vulnerable
무적의 : 상처받기 쉬운

novel : hackneyed
참신한, 새로운 : 진부한

daring : timid
용감한 : 소심한

slack : taut
느슨한 : 팽팽한

inception : termination
시작 : 종료

Quiz

Normal is to deviant as

(A) apt is to ingenious

(B) garrulous is to talkative

(C) prompt is to unanswered

(D) quaint is to opportune

(E) old-fashioned is to novel

Answer

(E) old-fashioned is to novel

1. **Complimentary is to insulting as**

   (A) ratified is to justified

   (B) flippant is to grave

   (C) hypocritical is to insincere

   (D) stirred is to provoked

   (E) arrogant is to haughty

2. **Accidental is to intentional as**

   (A) thorough is to superficial

   (B) volatile is to explosive

   (C) conflagration is to fire

   (D) adroit is to nimble

   (E) pertinent is to relevant

3. **Eminent is to unknown as frequent is to**

   (A) frivolous

   (B) noticeable

   (C) slippery

   (D) enhanced

   (E) rare

4. **Jeer is to revere as**

   (A) scorn is to venerate

   (B) splice is to mingle

   (C) linger is to stay

   (D) purloin is to pilfer

   (E) isolate is to seclude

5. **Effusion is to reservation as**

   (A) retrospect is to reminisce

   (B) promenade is to stroll

   (C) sprint is to dash

   (D) withdraw is to retract

   (E) hyperbole is to understatement

6. Replete is to vacuous as

(A) robust is to debilitated

(B) amorous is to romantic

(C) confined is to restricted

(D) accessible is to approachable

(E) sodden is to drenched

7. Pristine is to sullied as

(A) clean is to jumbled

(B) tattered is to threadbare

(C) culminated is to climax

(D) vital is to integral

(E) titanic is to gargantuan

8. Keen is to blunt as

(A) intangible is to immaterial

(B) veritable is to fallacious

(C) rapacious is to voracious

(D) posterior is to aft

(E) fore is to anterior

9. Affirmative is to denying as

(A) indigent is to impoverished

(B) illusory is to imaginary

(C) ascendant is to precedent

(D) frayed is to tattered

(E) free is to captive

10. Primeval is to contemporary as

(A) tenacious is to stubborn

(B) palpable is to obvious

(C) benign is to malignant

(D) philanthropic is to altruistic

(E) sonorous is to resounding

CAUSE & EFFECT

원인과 결과

Analogies involving cause-and-effect relationships are commonly encountered in SSAT. Don't forget to memorize words related to natural phenomena that often appear in these analogies.

Cause : Effect

원인 : 결과

inoculation : immunity :: edification : enlightenment

접종 : 면역 :: 교육 : 계몽

접종은 특정 질병에 대한 면역을 확보하기 위해 작은 양의 병원체를 체내에 넣는 과정입니다. 예방 접종을 하면 면역성이 생기게 되죠. 마찬가지로 교육하면 계몽하게 됩니다.

Examples

thirst : dehydration 갈증 : 탈수	**hunger : malnutrition** 굶주림 : 영양부족
fatigue : exhaustion 피로 : (에너지)고갈	**incitement : unrest** 도발 : 불안
ignition : combustion 발화 : 연소	**catalyst : reaction** 촉매 : 반응
effort : success 노력 : 성공	**motivation : achievement** 동기부여 : 성취
precipitation : erosion 강수 : 침식	**sunlight : photosynthesis** 햇빛 : 광합성

Quiz

Effort is to success as

(A) motivation is to achievement

(B) play is to rehearsal

(C) persistence is perseverance

(D) snow is to precipitation

(E) avalanche is to blizzard

Answer

(A) motivation is to achievement

1. **Fatigue is to exhaustion as**
   (A) velocity is to volume
   (B) marathon is to stamina
   (C) stature is to height
   (D) delusion is to clarification
   (E) hunger is to malnutrition

2. **Incitement is to unrest as**
   (A) lubricant is to friction
   (B) spark is to ignition
   (C) flood is to starvation
   (D) gravity is to pull
   (E) freshet is to famine

3. **Thirst is to dehydration as**
   (A) affection is to stroke
   (B) embrace is to hug
   (C) heat is to evaporation
   (D) wince is to discomfort
   (E) repugnance is ventilation

4. **Precipitation is to erosion as**
   (A) wind is to abrasion
   (B) dirt is to soil
   (C) fire is to blaze
   (D) snow is to flake
   (E) frost is to cold

5. **Sunlight is to photosynthesis as**
   (A) rainbow is to rotation
   (B) catalyst is to reaction
   (C) orbit is to satellite
   (D) placebo is to infection
   (E) antidote is to poison

6. Drought is to famine as

    (A) rain is to flood

    (B) ice is to glacier

    (C) wind is to tornado

    (D) lightning is to thunder

    (E) heat is to sunshine

7. Studying is to success as

    (A) eating is to cooking

    (B) sleeping is to dreaming

    (C) practicing is to mastery

    (D) reading is to writing

    (E) traveling is to packing

8. Apathy is to participation as

    (A) wisdom is to maturity

    (B) enthusiasm is to indifference

    (C) confusion is to clarity

    (D) rebellion is to contentment

    (E) curiosity is to question

9. Catalyst is to reaction as

    (A) justice is to punishment

    (B) warning is to disaster

    (C) threat is to resistance

    (D) provocation is to retaliation

    (E) alarm is to indifference

10. Monotony is to boredom as

    (A) velocity is to acceleration

    (B) stimulation is to excitement

    (C) routine is to innovation

    (D) novelty is to banality

    (E) silence is to confusion

EPONYMS

사람이름에서 유래된 단어

Did you know that the word sandwich comes from a real person—the Earl of Sandwich—who famously ate meat between slices of bread so he wouldn't have to stop playing cards?

Words like boycott, nicotine, and guillotine also come from people's names! For example, boycott comes from Charles Boycott, nicotine from Jean Nicot, and guillotine from Dr. Joseph Guillotin.

Fun fact: these words sometimes show up on the SSAT, so why not take this chance to learn them in a fun and memorable way?

Words from Names

사람 이름에서 유래된 단어들

boycott : refusal :: silhouette : contour

보이콧 : 거부 :: 실루엣 : 윤곽

Boycott은 refusal의 행동을 의미하고, Silhouette은 contour의 형태를 나타냅니다.

사람 이름에서 유래된 단어들을 Eponym이라고 합니다. 카드 게임 도중에도 식사를 하기 위해 고기와 빵을 포개어 먹었다는 샌드위치 백작의 이름에서 나온 sandwich, 불매운동을 뜻하는 boycott, 담배 성분 nicotine, 단두대의 guillotine 역시 모두 실제 인물의 이름에서 유래된 Eponyms 들이지요. 이런 단어들도 SSAT에 등장하니, 이번 기회에 재미있게 익혀볼까요?

Examples

Word	Synonyms	Origin	Meaning
boycott	refuse, shun	Charles Boycott	named after a land agent who was collectively shunned by farmers in protest
sandwich	snack, quick meal	4th Earl of Sandwich	said to have stacked meat and bread to eat without interrupting his gambling
galvanize	stimulate, spur	Luigi Galvani	originates from experiments where electric current caused a frog's muscles to contract
silhouette	outline, contour	Etienne de Silhouette	the black outline portrait was used to mock the austerity policies of the time
braille	tactile writing system	Louis Braille	inventor of a tactile writing system for the visually impaired
fahrenheit	temperature scale	Daniel Fahrenheit	a temperature scale named after him
mesmerize	hypnotize, captivate	Franz Mesmer	a term derived from his name, meaning deep focus or strong fascination
nicotine	tobacco, stimulant	Jean Nicot	named after the person who introduced tobacco to europe
guillotine	execution device, decapitator	Joseph-ignace Guillotin	a beheading device from the french revolution for more humane executions

Like So-and-So

누구누구처럼

Machiavellian : cunning :: Herculean : powerful

마키아벨리적인 : 교활한 :: 헤라클레스 같은 : 엄청난 힘을 지닌

Machiavellian은 이탈리아 정치사상가 Niccolò Machiavelli의 이름에서 유래된 형용사로, '교활한, 권모술수에 능한'이라는 의미를 지닙니다. 반면, Herculean은 그리스 신화 속 영웅 Hercules에서 유래된 단어로, '엄청난 힘을 가진, 매우 큰 힘이 필요한'이라는 의미로 사용됩니다.

Examples

Word	Synonyms	Origin	Meaning
Machiavellian	cunning, manipulative	Niccolò Machiavelli	from Machiavelli's *The Prince*
Herculean	massive, strenuous	Hercules	from the mythological feats of Hercules
Epicurean	luxurious, hedonistic	Epicurus	based on Epicurean philosophy valuing pleasures
Stoic	unemotional, restrained	Zeno of Citium	based on Stoic philosophy of inner discipline
Spartan	austere, harsh	Sparta (citystate)	reflects the frugal lifestyle of ancient Spartan warriors
Freudian	psychological, subconscious	Sigmund Freud	founder of psychoanalysis
Marxist	socialist, leftist	Karl Marx	reflects Marxist ideology and perspective
Orwellian	authoritarian, dystopian	George Orwell	inspired by the dystopia in *1984*
Victorian	prudish, proper	Queen Victoria	reflects the values and culture of the Victorian era
Darwinian	evolutionary, naturalistic	Charles Darwin	refers to biological evolution and survival of the fittest
Shakespearean	dramatic, poetic	William Shakespeare	evoking Shakespearean themes or tone

1. Machiavellian is to cunning as Herculean is to

(A) slothful

(B) emotional

(C) ordinary

(D) powerful

(E) dishonest

2. Epicurean is to pleasure as Spartan is to

(A) glut

(B) opulence

(C) luxury

(D) rebellion

(E) discipline

3. Freudian is to subconscious as Orwellian is to

(A) control

(B) beauty

(C) freedom

(D) happiness

(E) science

4. Darwinian is to evolution as Shakespearean is to

(A) psychology

(B) drama

(C) revolution

(D) biology

(E) literature

5. Guillotine is to execution as

(A) sword is to punishment

(B) microscope is to vision

(C) scalpel is to surgery

(D) telescope is to astronomy

(E) typewriter is to message

10Q Verbal Drills
Sets 1-36

1. CONSECUTIVE:
(A) explicit
(B) overt
(C) covert
(D) unctuous
(E) successive

2. IMPEDIMENT:
(A) antiquity
(B) costume
(C) hindrance
(D) outline
(E) barometer

3. HALT:
(A) stop
(B) begin
(C) sink
(D) apologize
(E) founder

4. ABSOLUTE:
(A) relative
(B) distinct
(C) complete
(D) shoddy
(E) odd

5. UNEVEN:
(A) polished
(B) level
(C) cosmopolitan
(D) clashed
(E) rough

6. Trees is to paper as wheat is to
(A) wine
(B) prawn
(C) flour
(D) notebook
(E) spinach

7. Laconic is to words as miser is to
(A) barley
(B) farm
(C) library
(D) mill
(E) money

8. Corn is to husk as potato is to
(A) onion
(B) pumpkin
(C) skin
(D) turkey
(E) juice

9. Discover is to find as contrive is to
(A) eat
(B) build
(C) respire
(D) dream
(E) devise

10. Hibernation is to bear as migration is to
(A) panther
(B) bird
(C) caterpillar
(D) lizard
(E) porcupine

1. UNDERMINE:
(A) undergo
(B) weaken
(C) beg
(D) confuse
(E) liberate

2. MONOPOLY:
(A) nobility
(B) monogamy
(C) metamorphosis
(D) approval
(E) dominance

3. UNIQUE:
(A) quirky
(B) singular
(C) banal
(D) puny
(E) vulgar

4. OBTUSE:
(A) biting
(B) obvious
(C) sly
(D) dull
(E) tricky

5. ASTUTE:
(A) frugal
(B) evasive
(C) playful
(D) shrewd
(E) doleful

6. Freeze is to ice cream as churn is to
(A) butter
(B) honey
(C) cereal
(D) peg
(E) raspberry

7. Goose is to gosling as sheep is to
(A) chirp
(B) puppy
(C) canine
(D) feline
(E) lamb

8. Choreographer is to dances as
(A) architect is to blueprints
(B) dauber is to painter
(C) curator is to maps
(D) tailor is to scissors
(E) cartographer is to artworks

9. Hide is to horse as wool is to
(A) rabbit
(B) sheep
(C) duck
(D) ox
(E) beaver

10. Arbiter is to settle as
(A) boor is to soothe
(B) sentry is to guard
(C) usher is to pilot
(D) bigot is to conciliate
(E) pacifist is to hypnotize

1. NOSTALGIA:
(A) woe
(B) reminiscence
(C) anguish
(D) jubilee
(E) rapture

2. CIRCUMSPECT:
(A) restrained
(B) confident
(C) cautious
(D) honest
(E) secretive

3. EARNEST:
(A) abrasive
(B) diligent
(C) responsive
(D) corrosive
(E) resilient

4. COVET:
(A) exalt
(B) help
(C) disbelieve
(D) envy
(E) convey

5. AUSTERE:
(A) harsh
(B) ornate
(C) pliable
(D) raucous
(E) elusive

6. Moon is to tides as sun is to
(A) gust
(B) rainbow
(C) tornado
(D) clouds
(E) drizzle

7. Scale is to weight as odometer is to
(A) temperature
(B) wind
(C) humidity
(D) earthquake
(E) mileage

8. Euphoria is to feeling as euphony is to
(A) sound
(B) satire
(C) obituary
(D) editorial
(E) journal

9. Anarchy is to law as
(A) plot is to narrative
(B) aftermath is to storm
(C) pomposity is to pride
(D) contentment is to complacency
(E) albino is to pigment

10. Silver is to tarnish as
(A) bread is to loaf
(B) duck is to down
(C) paper is to ream
(D) iron is to rust
(E) wood is to arboreal

1. VACILLATE:
- (A) avoid
- (B) sway
- (C) inject
- (D) scold
- (E) resent

2. QUANTITY:
- (A) enmity
- (B) amount
- (C) barrage
- (D) defect
- (E) amity

3. INTREPID:
- (A) eloquent
- (B) stable
- (C) coronary
- (D) renowned
- (E) daring

4. TACITURN:
- (A) stingy
- (B) generous
- (C) reticent
- (D) winsome
- (E) gloomy

5. AGREEABLE:
- (A) hereditary
- (B) congenial
- (C) imperceptible
- (D) incurable
- (E) traumatic

6. Code is to decipher as
- (A) mystery is to perplex
- (B) fiction is to narrative
- (C) silver is to tarnish
- (D) puzzle is to solve
- (E) bread is to stale

7. Car is to park as ship is to
- (A) cockpit
- (B) float
- (C) drift
- (D) steer
- (E) moor

8. Iconoclast is to convention as
- (A) abolitionist is to bondage
- (B) candidate is to election
- (C) contestant is to panel
- (D) anarchist is to disorder
- (E) traitor is to turncoat

9. Gong is to striker as
- (A) bell is to clapper
- (B) guitar is to ukulele
- (C) canal is to waterway
- (D) hub is to wheel
- (E) reservoir is to lake

10. Carpet is to floor as
- (A) paint is to brush
- (B) hovel is to mansion
- (C) almanac is to dates
- (D) mural is to wall
- (E) kitchen is to galley

1. EQUIVOCAL:
(A) clear
(B) pubescent
(C) paltry
(D) flamboyant
(E) ambiguous

2. SUBLIME:
(A) magnificent
(B) freezing
(C) despicable
(D) pompous
(E) various

3. TRITE:
(A) precious
(B) defiant
(C) placid
(D) banal
(E) nonchalant

4. FACILE:
(A) dazzling
(B) innate
(C) terse
(D) easy
(E) improbable

5. EXQUISITE:
(A) haughty
(B) splendid
(C) negligent
(D) intentional
(E) resilient

6. Scroll is to parchment as
(A) throng is to people
(B) dam is to river
(C) pole is to bean
(D) oven is to kiln
(E) book is to paper

7. Loom is to weave as
(A) needle is to sew
(B) whistle is to eavesdrop
(C) ladder is to abscond
(D) closet is to commence
(E) deck is to hold

8. Ore is to mine as
(A) scull is to boat
(B) locomotive is to platform
(C) automobile is to parking lot
(D) marble is to quarry
(E) tournament is to arena

9. Levee is to flood as
(A) snowflake is to blizzard
(B) rampart is to invasion
(C) protection is to bulwark
(D) coil is to rope
(E) blanket is to fold

10. Courage is to bravado as peeve is to
(A) furor
(B) bravado
(C) reverence
(D) integrity
(E) liaison

1. WILY:

(A) rational

(B) sly

(C) clerical

(D) intoxicating

(E) evanescent

2. COMPLIANCE:

(A) gala

(B) premium

(C) grievance

(D) retaliation

(E) submission

3. INNUENDO:

(A) convoy

(B) insinuation

(C) transition

(D) fidelity

(E) exuberance

4. IDIOSYNCRATIC:

(A) unfledged

(B) intriguing

(C) eccentric

(D) soothing

(E) mercenary

5. HIKE:

(A) hitch

(B) repent

(C) etiquette

(D) trek

(E) zeal

6. Quell is to suppress as provoke is to

(A) tease

(B) salute

(C) elect

(D) agree

(E) repent

7. Bland is to boring as stimulating is to

(A) exhilarating

(B) prosaic

(C) industrious

(D) wretched

(E) resilient

8. Rage is to anger as euphoria is to

(A) happiness

(B) sadness

(C) loneliness

(D) insomnia

(E) recklessness

9. Scrap is to paper as

(A) dab is to amount

(B) cleave is to knife

(C) surge is to wave

(D) drop is to liquid

(E) peel is to patch

10. Slothful is to active as

(A) contemplative is to acceptable

(B) slovenly is to unkempt

(C) laggard is to speedy

(D) undependable is to irresponsible

(E) superstitious is to reasonable

1. PROFUSE:
  (A) dubious
  (B) inconvenient
  (C) frail
  (D) illegitimate
  (E) abundant

2. SUSCEPTIBLE:
  (A) candid
  (B) overdue
  (C) distinctive
  (D) vulnerable
  (E) undependable

3. GREGARIOUS:
  (A) calm
  (B) sociable
  (C) trustworthy
  (D) tedious
  (E) self-effacing

4. COMPRISE:
  (A) attain
  (B) succeed
  (C) contain
  (D) justify
  (E) jeer

5. OVERBEARING:
  (A) premature
  (B) haggard
  (C) stout
  (D) domineering
  (E) akin

6. Bed is to hammock as
  (A) house is to tent
  (B) stool is to chair
  (C) lampshade is to lamp
  (D) screw is to driver
  (E) canopy is to sunscreen

7. Plagiarism is to cheating as pilfering is to
  (A) complaining
  (B) exercising
  (C) stealing
  (D) nagging
  (E) trotting

8. Winner is to triumphant as
  (A) lord is to conscientious
  (B) braggart is to boastful
  (C) snob is to graceful
  (D) worker is to procrastinating
  (E) scapegoat is to terrifying

9. Bellicose is to amicable as
  (A) herculean is to innovative
  (B) diagonal is to cohesive
  (C) cacophonous is to euphonious
  (D) astute is to shrewd
  (E) profane is to phenomenal

10. Snapshot is to crop as
  (A) mirror is to reflect
  (B) text is to abridge
  (C) solid is to evaporate
  (D) ingredient is to combine
  (E) chain is to reaction

1. TOXIC:

(A) raw

(B) noble

(C) poisonous

(D) cramped

(E) eccentric

2. REPUDIATE:

(A) reject

(B) retreat

(C) recede

(D) rebuke

(E) resurrect

3. WARY:

(A) snug

(B) eager

(C) crafty

(D) unresponsive

(E) chary

4. ISOLATE:

(A) comfort

(B) condole

(C) accord

(D) quarantine

(E) polish

5. VIE:

(A) impel

(B) burnish

(C) compete

(D) revamp

(E) cleanse

6. Hose is to water as

(A) pipe is to plumber

(B) briefcase is to wallet

(C) artery is to blood

(D) waterway is to canal

(E) duct is to flue

7. Garage is to car as

(A) engine is to housing

(B) track is to train

(C) string is to kite

(D) wind is to sailboat

(E) hangar is to airplane

8. Sentence is to paragraph as

(A) title is to book

(B) bristle is to fleece

(C) canvas is to painting

(D) morale is to moral

(E) cell is to organism

9. Dehydrated is to moisture as

(A) light-hearted is to weight

(B) wet is to dew

(C) sore is to agony

(D) arid is to water

(E) blinding is to illumination

10. Blueprint is to building as

(A) syntax is to sentence

(B) gawker is to brawl

(C) limerick is to epic

(D) glare is to light

(E) chess is to board

1. APPEASE:
(A) please
(B) outsmart
(C) undertake
(D) book
(E) assuage

2. MAGNANIMOUS:
(A) pusillanimous
(B) generous
(C) staunch
(D) perplexed
(E) troubled

3. APATHETIC:
(A) aloof
(B) terrified
(C) ample
(D) distinct
(E) palatable

4. CLANDESTINE:
(A) surreptitious
(B) diffident
(C) ambivalent
(D) credulous
(E) lenient

5. SIMULATE:
(A) feign
(B) ponder
(C) relieve
(D) stir
(E) embezzle

6. Road is to intersection as
(A) map is to legend
(B) syllabus is to chapter
(C) avenue is to boulevard
(D) blueprint is to building
(E) railway is to junction

7. Provoke is to soothe as
(A) evacuate is to flee
(B) equivocate is to articulate
(C) mimic is to imitate
(D) veto is to ballot
(E) involve is to implicate

8. Spark is to friction as
(A) inundation is to rain
(B) paint is to corrosion
(C) width is to expanse
(D) turn is to rotation
(E) weight is to flotation

9. Bald is to tire as
(A) burnished is to metal
(B) lubricated is to luster
(C) threadbare is to fabric
(D) skimmed is to milk
(E) giddy is to vertigo

10. Musket is to revolver as
(A) harpsichord is to piano
(B) calculator is to abacus
(C) compass is to direction
(D) xylophone is to cymbals
(E) viola is to cello

1. STAMINA:

(A) brevity

(B) approval

(C) strength

(D) mercy

(E) integrity

2. AFFLUENT:

(A) rambling

(B) copious

(C) swarthy

(D) gigantic

(E) colossal

3. INAUGURATE:

(A) outlook

(B) initiate

(C) censure

(D) reject

(E) abolish

4. AWKWARD:

(A) rickety

(B) outdated

(C) clumsy

(D) malicious

(E) livid

5. LOQUACIOUS:

(A) eloquent

(B) miserly

(C) garrulous

(D) whimsical

(E) stern

6. Caricature is to portrait as

(A) illumination is to light

(B) object is to goal

(C) hyperbole is to statement

(D) illusion is to exaggeration

(E) fang is to venom

7. Refute is to claim as

(A) disprove is to alibi

(B) trot is to gallop

(C) abash is to mortify

(D) misconstrue is to interpret

(E) grieve is to loss

8. Recommend is to urge as

(A) constrain is to restrict

(B) comply is to obey

(C) nudge is to shove

(D) overhaul is to overhear

(E) disclose is to conceal

9. Spatula is to cook as

(A) honk is to chauffeur

(B) scalpel is to patient

(C) chisel is to sculptor

(D) rehearsal is to actor

(E) sequel is to event

10. Towering is to height as

(A) decelerated is to speed

(B) uplifted is to tremor

(C) hulking is to size

(D) competent is to foible

(E) meandering is to route

1. HEED:
(A) care
(B) foreshadow
(C) inspect
(D) deviate
(E) ridicule

2. AVARICIOUS:
(A) reptilian
(B) nimble
(C) ingenuous
(D) caring
(E) gluttonous

3. GLIB:
(A) slippery
(B) crude
(C) blatant
(D) infinite
(E) dynamic

4. ETERNAL:
(A) prodigious
(B) manifest
(C) elated
(D) dire
(E) perpetual

5. FASTIDIOUS:
(A) drastic
(B) meticulous
(C) lavish
(D) ravenous
(E) amazed

6. Leg is to limb as
(A) talon is to eagle
(B) elbow is to joint
(C) torso is to digit
(D) skull is to head
(E) mouth is to oral

7. Jabber is to talk as
(A) skitter is to run
(B) ignite is to extinguish
(C) accept is to reject
(D) dispel is to disperse
(E) heave is to hoist

8. Elegy is to song as
(A) fable is to folklore
(B) song is to medley
(C) obituary is to article
(D) finale is to opera
(E) verse is to prose

9. Repose is to relaxed as
(A) damage is to vulnerable
(B) interim is to continuous
(C) tribute is to sarcastic
(D) myth is to pragmatic
(E) adage is to insightful

10. Olfactory is to smell as
(A) tactile is to touch
(B) gustatory is to feeling
(C) visionary is to sight
(D) auditory is to taste
(E) visual is to hearing

1. INDEFATIGABLE:

(A) unflagging

(B) replete

(C) staunch

(D) prime

(E) exhausted

2. DISPATCH:

(A) heave

(B) insult

(C) compliment

(D) send

(E) punch

3. LEFTOVER:

(A) conspirator

(B) residue

(C) detour

(D) gorge

(E) tattoo

4. CONTRADICTORY:

(A) quaint

(B) opposing

(C) undesirable

(D) odd

(E) tainted

5. VEX:

(A) ungrounded

(B) exotic

(C) irritate

(D) hearty

(E) baffling

6. Jog is to run as

(A) trot is to gallop

(B) gush is to drip

(C) dilemma is to quandary

(D) abhor is to hate

(E) stroll is to wander

7. Altar is to table as

(A) contagion is to infection

(B) hymn is to song

(C) newspaper is to tabloid

(D) peacemaker is to support

(E) cause is to effect

8. Primary is to fundamental as

(A) bland is to spicy

(B) skeptical is to dubious

(C) ascend is to descend

(D) sober is to somber

(E) reptilian is to marsupial

9. Torque is to twist as

(A) buoyancy is to drift

(B) gravity is to push

(C) resilience is to bounce

(D) tension is to spread

(E) magnetism is to inscribe

10. Earth is to terrestrial as

(A) clergy is to mundane

(B) vassal is to obsequious

(C) lord is to brave

(D) water is to moody

(E) sky is to celestial

10Q Verbal Drill 13

1. AUDACIOUS:

(A) authentic

(B) compatible

(C) daring

(D) secretive

(E) impure

2. KEEN:

(A) incumbent

(B) eager

(C) brazen

(D) jovial

(E) majestic

3. GLUT:

(A) finesse

(B) surplus

(C) integrity

(D) mandate

(E) inertia

4. REPULSIVE:

(A) obnoxious

(B) sporadic

(C) digressive

(D) conceited

(E) disconcerted

5. PARRY:

(A) ward off

(B) set fire

(C) fall apart

(D) pay out

(E) use up

6. Book is to revise as

(A) narrative is to genre

(B) odometer is to journey

(C) garment is to alter

(D) egg is to incubate

(E) song is to compose

7. Naive is to sophisticated as

(A) profitable is to lucrative

(B) noxious is to innocuous

(C) embezzle is to deceiving

(D) latent is to hidden

(E) salutary is to healthful

8. Tart is to sour as

(A) pungent is to bland

(B) tranquil is to turbulent

(C) aesthetic is to practical

(D) hale is to hail

(E) nautical is to sailing

9. Calligraphy is to handwriting as

(A) snapshot is to tripod

(B) podium is to speech

(C) pottery is to kiln

(D) embroidery is to needlework

(E) collage is to image

10. Cartographer is to map as

(A) reaper is to scythe

(B) cooper is to barrel

(C) woodcutter is to hatchet

(D) coroner is to morgue

(E) flood is to freshet

1. STAGNANT:
(A) stingy
(B) dexterous
(C) forlorn
(D) perceptive
(E) immobile

2. SUPERSEDE:
(A) empower
(B) reinforce
(C) substitute
(D) repeal
(E) hover

3. BAMBOOZLE:
(A) drink
(B) threat
(C) hoodwink
(D) graveness
(E) enumeration

4. IMPASSE:
(A) scoundrel
(B) plight
(C) audacity
(D) caste
(E) beacon

5. IMMACULATE:
(A) flawless
(B) impartial
(C) sensible
(D) aboveboard
(E) straight-laced

6. String is to violin as
(A) percussion is to piccolo
(B) woodwind is to bassoon
(C) flora is to fauna
(D) brass is to maracas
(E) ukulele is to guitar

7. Fabric is to quilt as
(A) picture is to frame
(B) flower is to garden
(C) pencil is to sketch
(D) tile is to mosaic
(E) map is to atlas

8. Proprietor is to owning as
(A) sage is to implicit
(B) tyranny is to amenable
(C) orator is to eloquent
(D) companion is to verbose
(E) administrator is to dogmatic

9. Impediment is to obstruction as
(A) chaos is to order
(B) blunder is to catastrophe
(C) progress is to regress
(D) debacle is to failure
(E) anarchy is to authority

10. Lion is to pride as
(A) caterpillar is to butterfly
(B) whale is to mammal
(C) parrot is to jungle
(D) sheepdog is to lamb
(E) bird is to flock

1. FABRICATE:

(A) fix

(B) stare

(C) loiter

(D) march

(E) lie

2. HURL:

(A) disperse

(B) irritate

(C) allude

(D) fling

(E) impair

3. CONTEMPLATE:

(A) indulge

(B) assimilate

(C) restrain

(D) contract

(E) speculate

4. PROVOKE:

(A) revoke

(B) delude

(C) incite

(D) dissipate

(E) segregate

5. MANEUVER:

(A) tactic

(B) empathy

(C) amateur

(D) depot

(E) tyrant

6. Machine is to automation as

(A) insomnia is to sleep

(B) food is to gourmet

(C) amnesia is to memory

(D) magazine is to edition

(E) newspaper is to syndication

7. Botany is to plants as

(A) ornithology is to animals

(B) meteorology is to earthquake

(C) petrology is to currency

(D) seismology is to words

(E) biology is to life

8. Palatable is to delicious as

(A) lithe is to flexible

(B) oblique is to straightforward

(C) aggravated is to jubilant

(D) punitive is to resentful

(E) significant is to paltry

9. Bibliography is to title as

(A) poetry is to prose

(B) mileage is to lowliness

(C) thesaurus is to word

(D) frivolity is to enhancement

(E) archive is to verse

10. Tree is to grove as

(A) sand is to dune

(B) figure is to chart

(C) miser is to money

(D) testimony is to witness

(E) rustle is to leaf

1. ORIENT:

(A) snub

(B) irk

(C) adjust

(D) justify

(E) lurk

2. STATURE:

(A) monument

(B) law

(C) width

(D) height

(E) duration

3. LAUDABLE:

(A) perennial

(B) commendable

(C) tardy

(D) illicit

(E) listless

4. PERTAIN:

(A) belong

(B) deny

(C) look

(D) sneak

(E) hide

5. INCORPORATE:

(A) badger

(B) retrieve

(C) admire

(D) integrate

(E) dismantle

6. Apricot is to fruit as

(A) cauliflower is to vegetable

(B) worm is to bird

(C) peacock is to mammal

(D) trout is to amphibian

(E) fig is to pit

7. Labyrinth is to maze as

(A) kite is to wind

(B) pavement is to roller

(C) refuge is to fugitive

(D) racer is to lap

(E) mirage is to hallucination

8. Meritorious is to praise as

(A) portable is to drink

(B) edible is to listen

(C) despicable is to blame

(D) reputable is to rebuke

(E) respectable is to mock

9. Ostentatious is to furniture as

(A) official is to rendezvous

(B) sumptuous is to meal

(C) universal is to nebular

(D) shabby is to mansion

(E) adjacent is to annex

10. Inauguration is to president as

(A) election is to candidate

(B) ambassador is to dispatch

(C) coronation is to monarch

(D) acquittal is to defendant

(E) entourage is to attendants

1. PEER:
(A) ban
(B) lop
(C) peep
(D) ravage
(E) contemplate

2. GRUDGE:
(A) eminence
(B) blade
(C) trench
(D) resentment
(E) rod

3. FEASIBLE:
(A) tangible
(B) intelligent
(C) plausible
(D) athletic
(E) contemplative

4. ECLECTIC:
(A) diverse
(B) extravagant
(C) provincial
(D) ingenuous
(E) strenuous

5. DETOUR:
(A) deviation
(B) fatigue
(C) pane
(D) etching
(E) insignia

6. Marathon is to sprint as
(A) acoustics is to sound
(B) chromatic is to movement
(C) epic is to song
(D) poem is to novel
(E) charm is to evil

7. Owl is to wisdom as
(A) quill is to technology
(B) mule is to stubbornness
(C) dove is to war
(D) pig is to alacrity
(E) snake is to kindness

8. Apogee is to orbit as
(A) pinnacle is to mountain
(B) wave is to ripple
(C) pictograph is to vertex
(D) skyscraper is to building
(E) star is to galaxy

9. Actor is to cast as
(A) teacher is to faculty
(B) foreman is to jury
(C) tree is to foliage
(D) choir is to singer
(E) composer is to score

10. Scepter is to throne as
(A) sugar is to cane
(B) din is to sound
(C) accolade is to award
(D) eulogy is to elegy
(E) mission is to purpose

1. HUE:
 (A) scarcity
 (B) color
 (C) place
 (D) standard
 (E) destiny

2. LAVISH:
 (A) prodigal
 (B) thrifty
 (C) marine
 (D) substantial
 (E) homogeneous

3. MURKY:
 (A) tortuous
 (B) patent
 (C) hazardous
 (D) dim
 (E) surly

4. DESIGNATE:
 (A) growl
 (B) prostrate
 (C) inhibit
 (D) quell
 (E) appoint

5. MUSTER:
 (A) confer
 (B) assemble
 (C) scorch
 (D) dehydrate
 (E) sieve

6. Knob is to door as
 (A) pane is to window
 (B) threshold is to track
 (C) jail is to bar
 (D) privacy is to curtain
 (E) bungalow is to fort

7. Hen is to coop as
 (A) cactus is to desert
 (B) dog is to kennel
 (C) porcupine is to quill
 (D) llama is to camel
 (E) skunk is to odor

8. Hydrophobia is to water as
 (A) acrophobia is to closeness
 (B) xenophobia is to strangers
 (C) agoraphobia is to insects
 (D) arachnophobia is to community
 (E) claustrophobia is to openness

9. Pediatrician is to children as
 (A) vegetarian is to animals
 (B) physician is to intestines
 (C) surgeon is to scalpel
 (D) dermatologist is to skin
 (E) geriatrician is to seniors

10. Welding is to tank as
 (A) jousting is to knight
 (B) playing is to intermission
 (C) vacillating is to pendulum
 (D) painting is to canvas
 (E) binding is to book

1. SOPHISTICATED:

(A) refined

(B) exotic

(C) candid

(D) fallow

(E) ponderous

2. REMONSTRATE:

(A) protest

(B) specify

(C) wrest

(D) conquer

(E) capitulate

3. ANNOTATION:

(A) elite

(B) footnote

(C) discretion

(D) feud

(E) gist

4. OSCILLATING:

(A) wavering

(B) jousting

(C) desecrating

(D) condescending

(E) splitting

5. MUNIFICENT:

(A) generous

(B) novel

(C) eccentric

(D) profound

(E) quaint

6. Movement is to symphony as

(A) frank is to devious

(B) hilarious is to tragic

(C) leg is to journey

(D) infamy is to ignominy

(E) alias is to pseudonym

7. Benign is to pernicious as

(A) vigorous is to lusty

(B) eerie is to weird

(C) callous is to compassionate

(D) mercenary is to greedy

(E) sordid is to foul

8. Pound is to weight as

(A) stopwatch is to timepiece

(B) foot is to length

(C) heat is to temperature

(D) aroma is to fragrance

(E) sound is to decibel

9. Detective is to clues as

(A) author is to book

(B) diaphragm is to body

(C) analyst is to data

(D) seminary is to religion

(E) doctor is to prescriptions

10. Building is to corridor as

(A) chimney is to attic

(B) wafer is to food

(C) landlord is to occupant

(D) seats is to aisle

(E) plane is to hangar

1. OVERHAUL:

(A) repair

(B) condense

(C) arouse

(D) glorify

(E) prolong

2. HILARIOUS:

(A) amusing

(B) laborious

(C) derogatory

(D) precocious

(E) substantial

3. HAPHAZARD:

(A) adroit

(B) cursory

(C) sublime

(D) unyielding

(E) solemn

4. EMINENT:

(A) illustrious

(B) suitable

(C) onerous

(D) nimble

(E) gallant

5. IMPLICATE:

(A) char

(B) inquire

(C) commiserate

(D) involve

(E) concede

6. Ram is to ewe as

(A) pig is to piglet

(B) stallion is to mane

(C) quilt is to kilt

(D) warlock is to witch

(E) oyster is to aquamarine

7. Poem is to anthology as

(A) maze is to labyrinth

(B) song is to medley

(C) limerick is to lampoon

(D) overture is to opera

(E) symphony is to movement

8. Devotee is to fanatic as

(A) retiree is to feverish

(B) zealot is to ardent

(C) seer is to incumbent

(D) aspirant is to official

(E) scarecrow is to pensive

9. Short story is to fiction as

(A) nonfiction is to essay

(B) journalism is to newspaper

(C) sonnet is to poetry

(D) lexicon is to definition

(E) playwright is to play

10. Star is to constellation as

(A) island is to archipelago

(B) tree is to botany

(C) range is to mountains

(D) worker is to factory

(E) orchid is to flower

1. CLARIFICATION:
(A) purification
(B) rarity
(C) explanation
(D) malfunction
(E) defiance

2. PRIME:
(A) elite
(B) nebulous
(C) damp
(D) colloquial
(E) ambidextrous

3. SEDATE:
(A) manual
(B) fragile
(C) dignified
(D) calm
(E) grotesque

4. COERCE:
(A) scorn
(B) force
(C) bar
(D) scoff
(E) deprive

5. CURT:
(A) delicate
(B) blunt
(C) ripe
(D) fraud
(E) hoodwink

6. Reptile is to snake as insect is to
(A) wasp
(B) dinosaur
(C) rattlesnake
(D) lizard
(E) chameleon

7. Vaporize is to liquid as
(A) gush is to geyser
(B) melt is to solid
(C) thaw is to gas
(D) muffle is to sound
(E) camouflage is to identification

8. Score is to instrumentalist as
(A) script is to actor
(B) baton is to wayfarer
(C) notes is to composer
(D) gauze is to surgeon
(E) varsity is to coach

9. Antidote is to poison as
(A) filter is to funnel
(B) experiment is to laboratory
(C) hood is to bonnet
(D) lubricant is to friction
(E) catalyst is to change

10. Uprising is to quell as
(A) ignition is to engine
(B) fire is to extinguish
(C) speed is to velocity
(D) disguise is to camouflage
(E) accumulate is to asset

1. DISMANTLE:
   (A) give away
   (B) belong to
   (C) take apart
   (D) shake up
   (E) eat up

2. CULMINATE:
   (A) climax
   (B) loom
   (C) pry
   (D) bewilder
   (E) admire

3. ELUDE:
   (A) subdue
   (B) obtain
   (C) evade
   (D) consume
   (E) persevere

4. PACE:
   (A) segment
   (B) enterprise
   (C) tempo
   (D) facet
   (E) initiative

5. LIAISON:
   (A) connection
   (B) robe
   (C) torment
   (D) curriculum
   (E) syndication

6. Cake is to icing as
   (A) ballerina is to tutu
   (B) salad is to garnish
   (C) musician is to drum
   (D) bear is to panda
   (E) chef is to apron

7. Shovel is to excavation as
   (A) sidewalk is to pedestrian
   (B) roof is to lightning rod
   (C) lantern is to illumination
   (D) stethoscope is to doctor
   (E) cleaver is to butcher

8. Skepticism is to faith as
   (A) hedonism is to pleasure
   (B) racism is to gender
   (C) pessimism is to hope
   (D) optimism is to insight
   (E) despotism is to obedience

9. Leave is to rustle as
   (A) rain is to patter
   (B) bear is to hiss
   (C) crackle is to bottle
   (D) bang is to gun
   (E) bang is to cork

10. Snag is to progress as
   (A) telephone is to communication
   (B) barrier is to passage
   (C) unrest is to misgiving
   (D) wheel is to car
   (E) prompt is to immediacy

1. SEER:

(A) teamster

(B) cobbler

(C) tailor

(D) prophet

(E) wrangler

2. USURP:

(A) take over

(B) look closely

(C) make calm

(D) give back

(E) long for

3. RECUR:

(A) purify

(B) relapse

(C) subsist

(D) force

(E) protrude

4. DIPLOMATIC:

(A) tactful

(B) paramount

(C) severe

(D) repulsive

(E) prone

5. STAUNCH:

(A) unkempt

(B) authentic

(C) fluctuating

(D) sporadic

(E) steadfast

6. Cheat is to deceit as rebuke is to

(A) reprimand

(B) knuckle

(C) fissure

(D) circumference

(E) drove

7. Toxic is to poisonous as synthetic is to

(A) artificial

(B) organic

(C) deadly

(D) incidental

(E) capricious

8. Tourniquet is to bleeding as

(A) azure is to color

(B) manuscript is to printing

(C) splint is to movement

(D) inflation is to deflation

(E) felon is to criminal

9. Husky is to dusky as

(A) intuition is to intelligence

(B) intrigue is to ruse

(C) maxim is to premonition

(D) wary is to chary

(E) quandary is to plight

10. Cascade is to cataract as

(A) safeguard is to signpost

(B) occasion is to milestone

(C) anesthetic is to sensation

(D) paragon is to example

(E) replica is to duplication

1. SUPERIMPOSE:

(A) let up

(B) lay on top

(C) give in

(D) show off

(E) lean over

2. FRANTIC:

(A) arid

(B) quaint

(C) distressed

(D) ludicrous

(E) obsolete

3. FAINTHEARTED:

(A) literal

(B) timid

(C) emphatic

(D) feasible

(E) embellished

4. HOARD:

(A) accumulate

(B) fold

(C) erode

(D) tolerate

(E) spill

5. MINGLE:

(A) hem

(B) subdue

(C) blend

(D) halt

(E) quarantine

6. Greyhound is to dog as Hereford is to

(A) sable

(B) moose

(C) beaver

(D) cow

(E) grizzly

7. Plateau is to table as

(A) chart is to wall

(B) desert is to oasis

(C) crater is to bowl

(D) mountain is to cabin

(E) desk is to chair

8. Design is to construction as

(A) plan is to action

(B) solution is to problem

(C) strike is to negotiation

(D) support is to foundation

(E) directory is to telephone

9. Drapery is to window as

(A) ruffle is to fringe

(B) cushion is to chair

(C) thunder is to lightning

(D) fog is to lighthouse

(E) lid is to eye

10. Glove is to gauntlet as hat is to

(A) slicker

(B) vest

(C) helmet

(D) sandal

(E) moccasin

1. PREMONITION:
(A) jurisdiction
(B) edifice
(C) hue
(D) foreboding
(E) objective

2. ALTERNATIVE:
(A) choice
(B) gimmick
(C) affiliation
(D) egress
(E) precaution

3. UNYIELDING:
(A) offensive
(B) festive
(C) divisible
(D) steadfast
(E) disputed

4. REVOLVE:
(A) accompany
(B) twirl
(C) snicker
(D) divert
(E) wane

5. REBUFF:
(A) reject
(B) perceive
(C) fumble
(D) veil
(E) decimate

6. Lapel is to chest as cuff is to
(A) arm
(B) leg
(C) ankle
(D) elbow
(E) knuckle

7. Toaster is to appliance as
(A) tree is to forest
(B) bee is to insect
(C) plug is to socket
(D) refrigerator is to cutlery
(E) sentence is to report

8. Suggest is to demand as
(A) ensnare is to trap
(B) absorb is to assimilate
(C) irk is to annoy
(D) epitomized is to typify
(E) whisper is to bellow

9. Tweezers is to tongs as
(A) drill is to dentist
(B) cylinder is to circle
(C) ukulele is to guitar
(D) lens is to focus
(E) cell is to jail

10. Still life is to object as
(A) portrait is to person
(B) mosaic is to tile
(C) watercolor is to collage
(D) building is to story
(E) mural is to wall

1. INCOGNITO:

(A) lost

(B) harsh

(C) concealed

(D) uncovered

(E) distinguished

2. PRETEXT:

(A) aplomb

(B) quibble

(C) paradigm

(D) composure

(E) stroll

3. LACKLUSTER:

(A) replaced

(B) sweltering

(C) soggy

(D) parched

(E) dull

4. COMMOTION:

(A) specter

(B) attribute

(C) feint

(D) uproar

(E) task

5. EGREGIOUS:

(A) trivial

(B) debunking

(C) flagrant

(D) fragrant

(E) wily

6. Grid is to line as

(A) rod is to reel

(B) net is to string

(C) oxygen is to element

(D) blade is to grass

(E) curve is to road

7. Complimentary is to insulting as

(A) cordial is to trusting

(B) polite is to decorous

(C) grave is to joking

(D) agitated is to provoking

(E) justified is to substantiated

8. Appetizer is to meal as

(A) preface is to book

(B) sand is to dune

(C) butter is to milk

(D) finale is to opera

(E) medicine is to prescription

9. Tonic is to invigorate as

(A) tranquilizer is to refresh

(B) balm is to soothe

(C) buoy is to sail

(D) dressing is to adhere

(E) speech is to nettle

10. Customers are to advertising as soldiers are to

(A) recruiting

(B) interviewing

(C) selecting

(D) supervising

(E) guarding

1. CONTAGIOUS:
(A) obscure
(B) infectious
(C) discolored
(D) rowdy
(E) immune

2. SMOTHER:
(A) stifle
(B) pertain
(C) vie
(D) interlope
(E) corrupt

3. LIVID:
(A) dilapidated
(B) forceful
(C) invigorating
(D) dubious
(E) enraged

4. SUBSTANTIATE:
(A) eradicate
(B) confirm
(C) satiate
(D) underlie
(E) coerce

5. LISTLESS:
(A) languid
(B) futile
(C) deserted
(D) scarce
(E) sanguine

6. Soiled is to cleanliness as
(A) artistic is to talent
(B) slender is to height
(C) broken is to destruction
(D) trained is to skill
(E) common is to novelty

7. Pecuniary is to money as culinary is to
(A) marriage
(B) scrubbing
(C) household
(D) cookery
(E) tablecloth

8. Skit is to play as
(A) gymnasium is to athletics
(B) skeptic is to doubt
(C) debut is to performance
(D) jaunt is to trip
(E) sculpture is to statue

9. Ecumenical is to religion as cosmopolitan is to
(A) church
(B) theology
(C) museum
(D) economy
(E) culture

10. Commencement is to valediction as
(A) aria is to opera
(B) inaugural is to banquet
(C) introduction is to conclusion
(D) invitation is to summon
(E) writ is to subpoena

1. BARRAGE:
(A) discipline
(B) parchment
(C) flood
(D) expenditure
(E) preference

2. DECREE:
(A) confusion
(B) leave
(C) broth
(D) commiseration
(E) command

3. LEFTOVER:
(A) overbook
(B) abyss
(C) gorge
(D) residual
(E) steep

4. POMPOUS:
(A) rueful
(B) adept
(C) elegant
(D) haughty
(E) scanty

5. EDUCE:
(A) raise
(B) deduce
(C) teach
(D) illuminate
(E) spot

6. Silk is to nylon as
(A) butter is to margarine
(B) lawn is to meadow
(C) celery is to stem
(D) stork is to leg
(E) yarn is to bobbin

7. Arsenal is to munitions as
(A) arena is to spectators
(B) vault is to valuables
(C) hangar is to automobiles
(D) museum is to curator
(E) boll weevil is to cotton

8. Contentment is to complacency as
(A) confidence is to arrogance
(B) humbleness is to humility
(C) valor is to prowess
(D) approximation is to proximity
(E) satisfaction is to malcontent

9. Glutton is to food as
(A) fur is to sable
(B) cardinal is to scarlet
(C) topaz is to yellow
(D) emerald is to gem
(E) avarice is to money

10. Somersault is to acrobat as
(A) touchdown is to referee
(B) motivation is to coach
(C) pirouette is to dancer
(D) model is to sculptor
(E) rink is to skater

1. COLLISION:
(A) slander
(B) truthfulness
(C) clash
(D) tempo
(E) calligraphy

2. MALFUNCTION:
(A) perception
(B) failure
(C) expansion
(D) abyss
(E) diagnosis

3. UPROAR:
(A) furor
(B) commencement
(C) reproduction
(D) glut
(E) analysis

4. FALSEHOOD:
(A) denial
(B) propose
(C) lie
(D) filch
(E) surpass

5. SUPPLICATE:
(A) petition
(B) concur
(C) instruct
(D) surpass
(E) conceal

6. Assess is to value as
(A) extend is to length
(B) cringe is to fawn
(C) ameliorate is to complaint
(D) confine is to release
(E) judge is to merit

7. Wispy is to thin as
(A) palatable is to delicious
(B) distinctive is to generous
(C) beneficial is to baneful
(D) acceptable is to hideous
(E) laudable is to contemptible

8. Humorous is to hilarious as obvious is to
(A) haughty
(B) blatant
(C) resilient
(D) facile
(E) deliberate

9. Chisel is to marble as
(A) camera is to tripod
(B) spatula is to clay
(C) etching is to easel
(D) building is to story
(E) pencil is to charcoal

10. Sequel is to event as
(A) applause is to audience
(B) narrative is to plot
(C) aftermath is to storm
(D) crumb is to bread
(E) freight is to cargo

1. HYPNOTIC:

(A) classical

(B) eager

(C) combustible

(D) mesmerizing

(E) garrulous

2. RESERVED:

(A) attentive

(B) talkative

(C) constrained

(D) disagreeable

(E) potable

3. JUMBLE:

(A) perseverance

(B) mixture

(C) clarity

(D) gossip

(E) delegation

4. CONFER:

(A) elude

(B) nominate

(C) consult

(D) adjust

(E) deliver

5. GLITCH:

(A) administer

(B) lapse

(C) convince

(D) laden

(E) grievance

6. Raisins are to grapes as

(A) prunes are to plums

(B) figs are to apples

(C) oranges are to rinds

(D) peaches are to fuzz

(E) apricots are to orchards

7. Imperious is to penitent as

(A) complacent is to smug

(B) brash is to confident

(C) unflappable is to anxious

(D) meritorious is to praiseworthy

(E) superficial is to shallow

8. Trot is to gallop as

(A) waddle is to tread

(B) jog is to run

(C) soar is to glide

(D) promenade is to stroll

(E) slither is to crawl

9. Unicorn is to horse as

(A) fauna is to panther

(B) lore is to folk

(C) dragon is to scale

(D) termite is to wood

(E) myth is to history

10. Effusion is to reservation as

(A) speedometer is to velocity

(B) hyperbole is to understatement

(C) muffle is to sound

(D) sap is to plant

(E) advertising is to blurb

1. PITEOUS:

(A) wretched

(B) substantial

(C) distant

(D) troubled

(E) sickly

2. ABUSE:

(A) verse

(B) misuse

(C) premium

(D) fidelity

(E) theme

3. EXUBERANCE:

(A) energy

(B) hue

(C) pigment

(D) cost

(E) apathy

4. CHARISMATIC:

(A) feasible

(B) clerical

(C) learned

(D) slothful

(E) charming

5. MACHIAVELLIAN:

(A) wily

(B) managerial

(C) advanced

(D) taciturn

(E) confused

6. Sketch is to picture as

(A) blueprint is to tune

(B) post is to shadow

(C) outline is to document

(D) table is to leg

(E) sail is to mast

7. Overdue is to late as

(A) dependable is to autonomous

(B) premature is to early

(C) procrastinating is to lingering

(D) unfinished is to ceaseless

(E) punctual is to tardy

8. Pediatrics is to children as

(A) chiropractic is to therapy

(B) orthopedics is to anatomy

(C) therapeutics is to athletes

(D) geriatrics is to elderly

(E) obstetrics is to genetics

9. Canister is to container as

(A) colander is to drain

(B) jar is to crater

(C) truck is to vehicle

(D) carpet is to rug

(E) filter is to pool

10. Pitfall is to perilous as

(A) gamble is to risky

(B) criticism is to unjustified

(C) impatience is to unpleasant

(D) anxiety is to tedious

(E) windfall is to venturesome

1. WAN:
(A) somber
(B) pale
(C) solitary
(D) bulky
(E) clandestine

2. FEEBLE:
(A) cruel
(B) negligent
(C) awkward
(D) frail
(E) clumsy

3. INTOLERANT:
(A) trifling
(B) compliant
(C) discontented
(D) scholarly
(E) biased

4. QUINTESSENCE:
(A) core
(B) complaint
(C) texture
(D) overcharge
(E) cadence

5. OBSOLETE:
(A) heartening
(B) submissive
(C) old-fashioned
(D) peculiar
(E) opportune

6. Frog is to toad as
(A) bee is to apiary
(B) doe is to buck
(C) turtle is to tortoise
(D) dog is to kennel
(E) bird is to aviary

7. Course is to swerve as
(A) lion is to pounce
(B) bellow is to roar
(C) donkey is to bray
(D) topic is to digress
(E) tree is to brak

8. Glasses are to seeing as
(A) tourniquet is to bleeding
(B) pedestal is to statue
(C) cane is to walking
(D) tripod is to camera
(E) finger is to holding

9. Emollient is to irritation as
(A) epidemic is to virulence
(B) vaccine is to immunity
(C) microscope is to specimen
(D) anesthetic is to sensation
(E) placebo is to medication

10. Phlegmatic is to zeal as
(A) enthusiasm is to apathy
(B) democratic is to people
(C) plutocracy is to money
(D) erudite is to scholar
(E) treasonous is to traitor

1. UNCOUTH:
(A) ruinous
(B) barbarian
(C) puzzled
(D) banal
(E) comprehensive

2. BADGER:
(A) banish
(B) trade
(C) earmark
(D) harass
(E) barter

3. EXOTIC:
(A) euphoric
(B) foreign
(C) odd
(D) tangible
(E) eclectic

4. FALLACY:
(A) exterior
(B) facsimile
(C) misconception
(D) annotation
(E) fervor

5. DISARRAY:
(A) inferiority
(B) lethargy
(C) figment
(D) clutter
(E) fissure

6. Smile is to amusement as
(A) dream is to sleep
(B) anger is to madness
(C) yawn is to boredom
(D) face is to expression
(E) impatience is to rebellion

7. Bark is to tree as
(A) dew is to grass
(B) skin is to fruit
(C) seed is to flower
(D) mow is to lawn
(E) wake is to boat

8. Clip is to film as
(A) type is to page
(B) script is to play
(C) solo is to routine
(D) excerpt is to book
(E) drama is to musical

9. Microscope is to magnify as
(A) telescope is to calculate
(B) lamp is to illuminate
(C) stethoscope is to extract
(D) suffrage is to enfranchise
(E) desiccant is to hydrate

10. Exhortation is to encourage as
(A) eulogy is to condemn
(B) lecture is to digress
(C) conversation is to debate
(D) tirade is to reproach
(E) sermon is to praise

1. DYNAMIC:

(A) jumbled

(B) durable

(C) procrastinating

(D) lethargic

(E) energetic

2. COMMENTARY:

(A) apologia

(B) brevity

(C) caption

(D) synopsis

(E) explanation

3. ASPIRANT:

(A) umpire

(B) candidate

(C) scholar

(D) authority

(E) referee

4. TEDIUM:

(A) burro

(B) conciseness

(C) boredom

(D) vitality

(E) ballad

5. DISSIPATE:

(A) dissolve

(B) inter

(C) bury

(D) jabber

(E) exile

6. Anomaly is to deviation as

(A) translation is to source

(B) precedent is to argument

(C) paradigm is to model

(D) criterion is to judgment

(E) practice is to concept

7. Incontrovertible is to dispute as

(A) tempered is to alleviate

(B) indiscreet is to besmirch

(C) helpless is to resist

(D) flawless is to improve

(E) unmistakable is to admonish

8. Sensitive is to slights as

(A) hypocritical is to motives

(B) brave is to decisive

(C) artless is to possessions

(D) slothful is to results

(E) discerning is to nuances

9. Veteran is to soldier as

(A) litigator is to lawyer

(B) alumnus is to student

(C) miller is to mason

(D) shoe is to cobbler

(E) professor is to scholar

10. Weld is to metal as

(A) splice is to rope

(B) wind is to clock

(C) dig is to ditch

(D) stitch is to thread

(E) grease is to oil

1. RETRACT:

(A) wander

(B) bellow

(C) rehearse

(D) contemplate

(E) withdraw

2. COMPOSURE:

(A) tact

(B) valor

(C) code

(D) aplomb

(E) gimmick

3. GORGE:

(A) divination

(B) abyss

(C) dwelling

(D) lore

(E) archipelago

4. COMPENSATE:

(A) chisel

(B) tattoo

(C) pay

(D) vacate

(E) dilute

5. RELATED:

(A) discreet

(B) fraudulent

(C) polyglot

(D) akin

(E) divisive

6. Ebony is to wood as

(A) salt is to shaker

(B) raven is to bird

(C) foot is to shoe

(D) chimney is to roof

(E) azure is to cardinal

7. Spontaneous is to deliberation as

(A) erroneous is to misdeed

(B) accidental is to serendipity

(C) unwitting is to attentiveness

(D) comatose is to consciousness

(E) precocious is to maturity

8. Misdemeanor is to felony as

(A) plaintiff is to defendant

(B) perjury is to fib

(C) misappropriate is to appropriate

(D) filch is to embezzle

(E) pillage is to plunder

9. Yacht is to liner as

(A) dupe is to bumpkin

(B) cell is to tissue

(C) bread is to dough

(D) atom is to molecule

(E) taxi is to bus

10. Wince is to pain as

(A) amusement is to shrug

(B) disgust is to grin

(C) frown is to distrust

(D) curiosity is to peep

(E) approval is to nod

1. **SCULL:**
   (A) foundation
   (B) shuttle
   (C) caravan
   (D) boat
   (E) grime

2. **PETRIFIED:**
   (A) fussy
   (B) terrified
   (C) ardent
   (D) gratified
   (E) affected

3. **DETAIN:**
   (A) chuckle
   (B) hinder
   (C) confine
   (D) mislead
   (E) allege

4. **ENTOURAGE:**
   (A) attendants
   (B) convoy
   (C) cadets
   (D) amateurs
   (E) secured

5. **RAMBUNCTIOUS:**
   (A) boisterous
   (B) graceful
   (C) flair
   (D) devout
   (E) gullible

6. **Funny is to hilarious as**
   (A) parched is to dehydrated
   (B) murky is to jubilant
   (C) warm is to scorching
   (D) icy is to slippery
   (E) stormy is to tempestuous

7. **Pantry is to food as**
   (A) hold is to deck
   (B) closet is to clothes
   (C) lobby is to hall
   (D) odor is to disinfectant
   (E) aisle is to seat

8. **Trucker is to cab as**
   (A) commuter is to taxi
   (B) galley is to plane
   (C) chef is to cookery
   (D) galley is to kitchen
   (E) pilot is to cockpit

9. **Facade is to appearance as**
   (A) usher is to tourist
   (B) restaurant is to diner
   (C) affectation is to behavior
   (D) library is to book
   (E) detective is to clue

10. **Hiatus is to continuity as**
   (A) molar is to teeth
   (B) termite is to wood
   (C) remission is to illness
   (D) stall is to marketplace
   (E) veracity is to truth

The SSAT
Knowledge Vault

Greek vs. Roman Gods

그리스 신화 vs. 로마 신화 : 신들의 이름이 바뀐 이유?

여러분, 혹시 같은 신인데 이름이 다르게 불리는 걸 본 적 있나요?
예를 들어, 번개를 다루는 신이 그리스 신화에서는 제우스(Zeus)인데, 로마 신화에서는 주피터(Jupiter)로 불려요. 또, 아름다움과 사랑의 여신은 아프로디테(Aphrodite)라고 하는데, 로마에서는 비너스(Venus)라고 하죠.

"어? 똑같은 신인데 왜 이름이 달라요?"라고 궁금할 수도 있겠죠?
그 이유는 바로 로마인들이 그리스 신화를 받아들이면서 자신들만의 스타일로 바꿨기 때문이에요!

기원전 8세기경, 로마인들은 그리스 문화를 존경하고 많이 받아들였어요. 하지만 로마는 전쟁을 잘하고 나라를 다스리는 게 중요했던 만큼, 신들의 역할과 성격도 좀 더 실용적이고 강한 이미지로 변했어요. 그리고 로마에서는 그리스어가 아닌 라틴어를 썼으니, 당연히 신들의 이름도 변했겠죠?

자, 그럼 대표적인 신들의 변화를 볼까요?

Greek & Roman Gods 그리스 로마 신화의신

Greek (그리스)	Roman (로마)	의미
제우스 (Zeus)	주피터 (Jupiter)	신들의 왕, 하늘의 신
아프로디테 (Aphrodite)	비너스 (Venus)	사랑과 미의 여신
아레스 (Ares)	마르스 (Mars)	전쟁의 신
아테나 (Athena)	미네르바 (Minerva)	지혜와 전략의 여신
디오니소스 (Dionysus)	바쿠스 (Bacchus)	술과 축제의 신
포세이돈 (Poseidon)	넵튠 (Neptune)	바다의 신
하데스 (Hades)	플루토 (Pluto)	지하세계의 신

Aphrodite vs. Venus

아프로디테는 바닷속 거품에서 태어난 아름다운 여신이에요. 사랑, 욕망, 아름다움을 상징하죠. 하지만 로마에서는 비너스가 제국의 번영을 상징하는 존재가 되었어요. 왜냐고요? 로마 건국 신화에 등장하는 영웅 아이네이아스(Aeneas)가 비너스의 아들이라고 했거든요. 즉, 로마인들은 "우리 조상님이 미의 여신의 아들이야!"라며 엄청난 자부심을 가졌던 거죠.

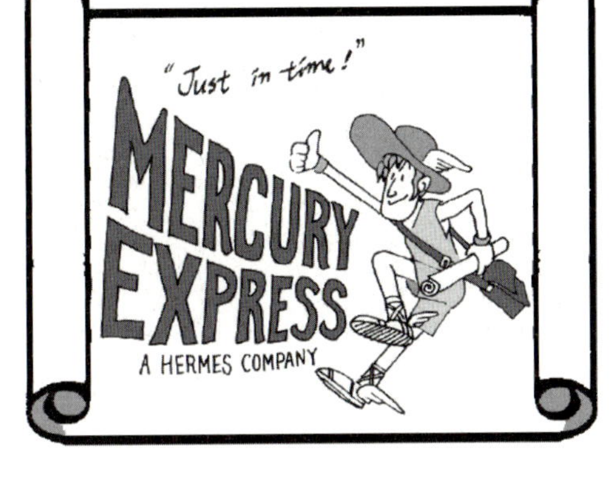

Ares vs. Mars

아레스는 그리스 신화에서 거친 전쟁광이에요. 그냥 싸우는 게 좋아서 전쟁터에서 피 흘리는 걸 즐기는 무시무시한 신이죠. 그런데 로마에서는 마르스가 완전 국가의 영웅급 신이 되어버렸어요. 왜냐하면 로마 건국 신화에서 로마를 세운 로물루스(Romulus)와 레무스(Remus)의 아버지가 마르스라고 했거든요! 그래서 마르스는 그냥 전쟁을 즐기는 신이 아니라, 로마 제국을 지켜주는 위대한 수호신이 되었어요.

Athena vs. Minerva

아테나는 전쟁 전략과 지혜를 담당하는 여신이에요. 그리스 신화에서 올림푸스 최고의 브레인으로 등장하죠. 하지만 로마에서는 조금 달라졌어요. 미네르바는 여전히 지혜의 여신이지만, 전쟁보다는 기술과 장인 정신을 더 강조하는 방향으로 바뀌었어요. 로마에서는 국가 운영과 건축, 공학이 중요했으니까 신의 역할도 그런 쪽으로 발전한 거죠!

Dionysus vs. Bacchus

디오니소스는 술을 마시고 파티를 즐기는 자유로운 영혼의 신이에요. 그는 예술과 창의성을 상징하고, 가끔 인간들에게 술을 마시게 해서 스트레스를 풀게 하기도 하죠. 로마에서 바쿠스는 비슷한 역할을 했지만, 점점 시간이 지나면서 사치와 향락의 상징으로 변해버렸어요. 그래서 로마 후기에는 바쿠스를 숭배하는 게 금지된 적도 있었답니다.

그리스 신화에 나오는 신들의 전령이자 여행자와 상인의 수호신 헤르메스(Hermes)에서 유래한 에르메스(Hermès), 승리의 여신 니케(Nike)의 이름에서 탄생한 나이키(Nike), 그리고 신들에게 모든 선물을 받은 첫 번째 여성으로, 신들이 준 상자를 열어 세상에 고난을 풀어놓았지만 희망을 남겨둔 판도라(Pandora). 이처럼 신들의 이야기는 지금도 다양한 학문, 브랜드 이름, 그리고 여러분이 볼 시험인 SSAT 속에서도 살아 숨 쉬고 있어요! 그러니 앞으로 신들의 이름이 어디서 등장하는지, 어떤 의미로 사용되었는지 찾아보는 것도 꽤 재미있겠죠?

The Phase of Moon

달이 변하는 모습

지구에서 가장 가까운 satellite위성이며, 움푹 파인 crater분화구 덕에 shade그림자 져 보이는 달, 우리에겐 친숙하죠? 달은 자체로 빛을 내지 않으며 태양빛을 반사해서 빛을 낸답니다.

그래서 달빛이 은은한 거겠죠. 우리가 보는 달의 밝은 부분은 주기적으로 변해요. 이렇게 변하는 phase 단계별로 각각의 이름이 있어요. 우리가 보름달과 반달, 초승달 등의 이름으로 부르는 것처럼 말이에요.

Name	명칭
new moon	거의 보이지 않는 초승달
crescent moon	초승달
first quarter moon	상현달
waxing gibbous moon	상현달보다 조금 부풀어 오른 달
full moon	보름달

이때 중요하게 기억해야 할 단어가 있어요. 바로 waxing과 waning인데요, wax는 점차 커지는 것을 말하고 wane은 점점 줄어드는 것을 말합니다. gibbous는 반원보다 조금 더 부풀어 불룩한 모양을 한 것을 말해요.

Birthstone

탄생석

Birthstone

별자리와 관련된 또 다른 재미, 탄생석을 알아볼까요? 탄생석은 재미로 알아보는 것일지 몰라도 stone의 이름과 색은 Analogies 문제로도 잘 나오니 기억해둬야 해요.

Month	Stone	Color		Meaning
January	garnet 가넷	dark red		사랑, 진실, 정조
February	amethyst 자수정	purple		정조, 성실, 평화
March	aquamarine 아쿠아마린	pale blue		침착, 총명, 용감
April	diamond 다이아몬드	clear		영원한 사랑, 행복
May	emerald 에메랄드	deep green		행복, 행운
June	pearl 진주	pearl		건강, 장부의 권위
July	ruby 루비	red		열정, 영원한 생명
August	peridot 페리도트	pale green		지혜, 부부의 행복
September	sapphire 사파이어	deep blue		자애, 성실, 덕망
October	opal 오팔	light blue		희망, 순결
November	topaz 토파즈	yellow		우정, 인내, 결백
December	turquoise 터키석	blue		행운, 성공, 번영

이런 gem보석, jewel원석 중 기억해 둘 만한 또 다른 것들로는 amber호박, jade옥, 비취도 있어요. 이런 보석의 원석을 gemstone이라고 하지요. 이런 보석들도 gold금이나 copper구리 같은 ore광석들과 함께 기억해두세요.

Zodiac

황도 12궁

zodiac은 황도 12궁을 말합니다. 고대로부터 유래된 horoscope점성술의 기본이 된 하늘의 움직임이죠. 천구天球에서 태양의 궤도를 말하는 황도를 30°씩 12등분하여 각각에 대해 별자리의 이름을 붙인 것으로, vernal equinox춘분점(vernal은 '봄의'란 뜻이고, equinox는 춘분, 추분, 즉 equ-같은 nox밤에서 유래된 단어로 밤낮의 길이가 같은 때를 말해요)이 위치한 물고기자리부터 양자리, 황소자리, 쌍둥이자리, 게자리, 사자자리, 처녀자리, 천칭자리, 전갈자리, 궁수자리, 염소자리, 물병자리의 12가지 별자리를 의미하죠.

"너 무슨 자리야?" 이렇게 물어볼 때는 "What's your sign?"이라고 해요.

별자리들을 통틀어 signs of zodiac이라고 하기 때문이죠. 일반적으로 천문학에서는 별자리를 constellation이라고 합니다. stella별들이 con모여 있는 것이란 의미죠. 5,000년도 더 전에 사람들은 지금 우리가 보고 있는 하늘과 같은 하늘을 보며 별들을 그룹 짓고 이름을 붙이고, 거기에 맞는 전설을 만들어 냈던 것이지요.

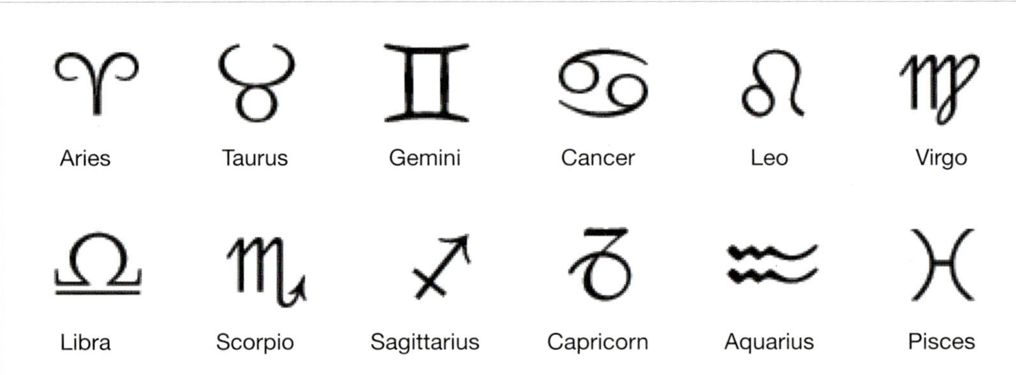

What's your sign?

Aries 양자리

March 21 - April 19

대단히 정열적이며 밝고
생기 넘치는 행동파

Taurus 황소자리

April 20 - May 20

따뜻하고 부드러우며 의지가
굳으면서도 배려심이 많음

Gemini 쌍둥이자리

May 21 - June 21

호기심이 왕성하고
지혜로운 사교가

Cancer 게자리

June 22 - July 22

보호본능이 강한
상냥한 변덕쟁이

Leo 사자자리

July 23 - August 22

화려한 운명을 누리는
의지가 강한 리더 타입

Virgo 처녀자리

August 23 - Sept. 22

청순하고 감성적인
소녀 타입

Libra 천칭자리

Sept. 23 - Oct. 23

항상 침착하고
공평한 평화주의자

Scorpio 전갈자리

Oct. 24 - Nov. 21

통찰력과 신중함이 뛰어난
창조적인 타입

Sagittarius 사수자리

Nov. 22 - Dec. 21

낙천적이면서 자유롭고
직감적이면서도 지적인 타입

Capricorn 산양자리

Dec. 22 - Jan. 19

내성적이지만
성실한 노력파

Aquarius 물병자리

Jan. 20 - Feb. 18

자유롭고 독창적인
발명가 타입

Pisces 물고기자리

Feb. 19 - March 20

상상력이 풍부하고 낭만적 기질이
가득하며 인간성이 좋은 타입

Major Biomes of the World

생물군계

bio−라는 단어는 life삶을 의미해요. 그래서 bio−가 들어간 단어들은 주로 생명에 관련된 뜻을 가져요. 예를 들어 biology는 bio−(생물을) + −logy(연구하는 것), 즉 생물학을 의미하고, biodegrade라고 하면 bio(−생물을) + degrade(퇴화시키다, 붕괴시키다), 즉 '미생물이 (사체 등을) 분해하다'라는 뜻이 돼요. 그렇다면 biome은 뭘까요? biome은 생물군계 즉, biotic formation을 의미하는 것으로 특정 기후 지역에 사는 동식물 군을 말합니다.

그럼 major biomes에는 어떤 것이 있을까요? 크게 여덟 가지 정도로 나눌 수 있는데, Arctic Tundra (북극 툰드라) / Desert (사막) / Coniferous Forest (침엽수림) / Deciduous Forest (낙엽수림) / Tropical Rain Forest (열대우림) / Grasslands (초원) / Mountains (산악 지대) / Oceans (대양) 등으로 나뉩니다.

먼저 arctic tundra극지방 툰드라지대가 있어요. 지구상에서 가장 춥고, 나무도 거의 없고 다 얼어있는 지역이죠. 이런 곳에는 polar bear북극곰이나 gray wolves얼룩이리 등이 서식해요. 다음으로 desert는 사막 지역이죠. 보통은 lizards도마뱀이나 snakes뱀 등의 reptile파충류나 frogs개구리나 toads두꺼비 같은 amphibian양서류가 주로 살고 있어요.

forest에는 세 가지 종류가 있어요. coniferous forest침엽수림, deciduous forest낙엽수림, 그리고 tropical rain forest열대 우림이 그것이에요. conifer는 cone을 만들어 내는 나무라는 뜻으로 침엽수를 말해요. 그래서 a pine cone은 솔방울을 말하고, 또 소나무 가지처럼 뾰족한 침엽수의 잎은 a quill이라고 해요.

deciduous는 중요한 의미를 가져요. 이 단어는 '탈락성의', 즉 '날 때부터 떨어져 나갈 운명을 갖고 있는'이란 뜻이에요. deciduous teeth라고 하면 아기 이를 말합니다. 유치, 즉 영구치가 나기 전에 어차피 빠질 이란 뜻이죠. 그래서 deciduous forest는 가을이 되면 낙엽이 되어 다 떨어질 운명을 타고난 낙엽수가 들어찬 숲을 말합니다.

tropical rain forest에서 tropical은 '열대지대의'란 의미이고 rain forest는 1년 중 30인치 이상 비가 내리는 우림을 말해요. 후텁지근한 기후 덕분에 수많은 생물들이 이 안에서 생존하죠.

grassland는 대초원을 말하는데 미국에서는 보통 prairie라는 단어를 더 자주 사용해요. meadow라고 하면 그냥 초장, 즉 양들이 풀을 뜯어 먹는 풀밭 정도를 의미하고 prairie라고 하면 끝이 보이지 않는 대초원을 말하죠. 그 정도의 차이가 있음을 기억해두세요.

mountains는 산악지대를 말하는데 windy바람이 많이 불고 추우며 위로 갈수록 공기도 희박해지므로 살기가 그다지 좋은 지역은 아니겠죠? 그리고 마지막으로 oceans는 대양, 즉 큰 바다를 말합니다. 수없이 많은 fish들이 사는 큰 집이죠. ocean은 coral reef산호초, coastal region해안가, tidal zone조수 간만의 차로 생겨나는 foreshore갯벌 등으로 이루어집니다.

Snow White and the Seven Dwarfs

백설공주와 일곱 난쟁이

*Snow White*백설공주와 그녀의 친구인
일곱 난쟁이 *Seven Dwarfs*,

그 일곱 난쟁이의 이름 하나하나가 대표적인 형용사랍니다.
한번 알아볼까요?

Dopey

dopey는 원래 '약에 취한 것 같은'이란 뜻이에요. 그래서 사람에게 dopey라고 하면 약간 멍한 듯한, 멍청한 dull, 지루한 boring이란 의미를 갖게 돼요. 올림픽에 출전한 선수들이 약물을 투여했는지 알아보기 위해 하는 테스트를 doping test 도핑 테스트라고 하죠? 모두 약물을 의미하는 dope에서 나온 단어예요.

- dopey 졸린, 약에 취한 것 같은
- dull 멍청한
- doping test 약물 테스트
- dope 마약, 약물

Grumpy

Grumpy는 누가 뭐라든지 항상 반대만 하는 난쟁이로 투덜이 스머프와 양대 산맥을 이루는 투덜쟁이예요. 또 남이 하는 말에 무조건 반대하는 이런 사람을 naysayer라고 하기도 하죠. naysay는 반대하다 oppose, 부인하다 deny라는 의미를 갖는 단어예요. 비슷한 말로 gainsay도 있어요. naysay와 gainsay, 기억해두세요.

- grumpy 투덜대는
- naysay 부인하다

Doc

딱 보기에도 박사님처럼 생겼죠? 보통 박사나 의사를 줄여서 doc.이라고 하는데 doctor의 준말입니다. 중요한 결정은 도맡아서 하는 똘똘이 박사님이죠.

- doctor 박사, 의사

Bashful

bashful은 수줍어하는shy보다 더 강한 뜻을 가져요. 매우 감성적이고 연약하며 소심하고 또 얼굴이 쉽게 빨개져 마치 양처럼 순하고sheepish, 소심한timid 사람을 표현할 때 쓰죠. 그래서 백설공주님의 미모에 반한 난쟁이 Bashful은 백설공주님을 볼 때마다 얼굴이 빨개진답니다.

- bashful 수줍어하는 • shy 수줍어하는
- sheepish 양처럼 순한, 얼굴이 잘 빨개지는 • timid 소심한

Sleepy

진짜 졸려 보이죠? sleepy는 늘 졸려 하는 것을 말하는데, 비슷한 뜻을 가진 단어로 drowsy, sluggish, lethargic, dormant, inactive 등이 있어요. 다 '피곤해하는, 늘어지는, 축 처진, 기운 없는, 비몽사몽의'라는 의미로 사용되는 단어들이에요. 잘 기억해두세요.

- sleepy 졸린 • drowsy 졸리는, 졸리는 듯한
- sluggish 둔한, 느린, 굼뜬 • lethargic 졸리는, 졸음이 오는
- dormant 잠자는 (듯한) inactive 활동하지 않는

Sneezy

Sneezy는 자꾸 재채기하는 캐릭터의 이름입니다. sneezy는 '재채기를 자꾸 하는,' 또는 '재채기가 나는'이란 뜻이거든요. 코를 푼다고 할 때는 blow one's nose라고 하고, cough는 '기침하다', snivel은 '콧물이나 콧물을 흘리다', snuffle은 '코를 훌쩍이다', saliva는 '침', spit는 '침을 뱉다', drivel은 '침을 흘리다'라는 의미로 쓰이죠. 이중 drivel은 '침을 흘리다, 콧물을 흘리다'라는 의미 말고도 코흘리개 아이처럼 '세상모르는 소리를 하다, 말도 안 되는 소리를 하다'라는 의미로 더 자주 사용돼요. 그래서 drivel이 명사로 쓰이면 nonsense의 의미가 되는 거예요.

- sneezy 재채기가 나는 • sneeze 재채기. 재채기하다
- blow one s nose 코를 풀다 • cough 기침하다
- snivel 1. n. 콧물 2. v. 콧물을 흘리다 • snuffle 코를 훌쩍이다
- saliva 타액, 침 spit 침을 뱉다
- drivel 1. v. 침을 흘리다, 콧물을 흘리다
         2. n. 말도 안 되는 소리 nonsense

Happy

행복한 난쟁이 Happy입니다. 그 밖에 '기뻐하는, 행복해하는'의 의미로 쓰이는 단어로는 delightful, mirthful, pleased, joyous, joyful, jubilant, content, merry, ecstatic, exulted, overjoyed 등이 있으니 같이 기억해두세요. 모두 행복해하고 기뻐하는 모습을 묘사할 때 쓰는 단어들이에요.

- happy 기뻐하는 = delightful = mirthful = pleased = joyous
          = joyful = jubilant = content = merry = ecstatic
          = exulted = overjoyed

The Five Senses

오감

보고, 듣고, 냄새 맡고, 맛보고, 만져서 느끼는 다섯 가지 감각을 *the five senses*라고 해요. 물론 *the Sixth Sense*는 우리말로도 육감, 즉 여섯 번째 감각으로 직관 *intuition*을 말하죠.

Hearing 청각

인간의 귀는 안쪽과 중간, 바깥쪽으로 나뉩니다. 바깥쪽에 보이는 귀는 outer ear라고 하죠. 소리는 관을 타고 ear drum고막이 있는 middle ear에 도착하게 되고 고막을 통해 생긴 진동이 inner ear와 아주 얇은 실처럼 생긴 filament에 연결된 auditory nerve청신경으로 전달돼요. aud-는 '듣다'라는 뜻의 라틴어인데 여기서 유래된 단어가 audition오디션(한번 들어주마~), auditorium강당(듣는 + -um장소), auditory귀의, 청각의란 단어예요.

- ear drum 고막 • filament 가는 실 같은 섬유 • auditory nerve 청신경 • audition 오디션
- auditorium 강당, 강연장 • auditory 귀의, 청각의

Sight 시각

눈의 lens렌즈를 통해 빛이 들어오면 retina망막에 닿게 되고 망막은 빛의 자극에 민감한 세포들을 통해 빛을 optic nerve시신경으로 전달합니다. optics는 눈을 의미하고 optic이나 optical은 '눈의, 시각의'란 의미예요. 안경을 맞추러 가면 안과의사는 아니지만 시력을 재어주는 분들이 계시죠? 그분들을 optometrist라고 해요. opto-(시각) + metri(측정하는) + -ist(사람)이란 의미죠. 참고로 안과의사는 ophthalmologist예요. '시각의'란 의미로는 visual도 자주 사용된답니다. 그래서 시신경을 visual nerve라고 하기도 해요. 그렇다면 an invisible man은 누구일까요? 투명인간!

- lens 렌즈 • retina 망막 • optic 시력의, 시각의 • optometrist 검안사 • ophthalmologist 안과의사
- visual 시각의 • invisible 보이지 않는

Smell 후각

코에는 olfactory receptors가 있어요. 냄새를 감지하는 센서죠. 이것을 통해 냄새가 olfactory nerve후각신경에 전달됩니다. olfactory는 '후각의'란 의미예요. old factory에선 냄새가 나겠죠? 이렇게 하면 좀 쉽게 기억이 되겠죠. 코는 nose, '코의'라고 할 때는 nasal이라고 해요. '입의'라고 할 때 oral이라고 하듯 말이죠.

- olfactory 후각의 • receptor 받아들이는 물체 • olfactory nerve 후각신경

Taste 미각

입은 mouth, '입의'는 oral이지만 (Oral—B라는 칫솔도 있죠?) 미각을 나타낼 때는 gustatory를 사용해요. gusto는 원래 맛taste을 의미해요. 여기서 나온 것이 gustatory미각의란 단어예요. tongue혀에는 taste bud미뢰라 불리는 작고 오톨도톨한 돌기들이 나 있어 sweet단맛, salty짠맛, sour신맛, bitter쓴맛을 구분하게 해줍니다. 향기와 맛의 신호는 코의 신경을 통해 두뇌에서 같은 것을 관장하는 부분으로 전달돼요. 그래서 쓴 약 같은 것을 먹을 때 코를 막고 먹으면 맛을 잘 못 느끼는 거예요.

- mouth 입 • oral 입의 • gustatory 미각의 • gusto, taste 맛 • taste bud 미뢰 • tongue 혀
- sweet 단맛 • salty 짠맛 • sour 신맛 • bitter 쓴맛

Touch 촉감

만질 수 있어 촉감을 느낄 수 있는 것을 tangible하다고 해요. 볼 수 있는 것을 visible, 먹을 수 있는 것을 edible, 들을 수 있는 것을 audible이라고 하는 것과 같은 맥락이죠. 만져서 촉감을 느끼는 것은 피부skin를 통해 이루어져요. 피부는 epidermis외(부) 피부와 dermis진(짜) 피부로 구성되어 있는데 이곳에 있는 신경들이 촉감을 뇌에 전달하여 느낄 수 있게 되는 거죠. dermi는 라틴어로 피부를 의미하고 epi—는 바깥쪽이란 의미이므로 epidermis는 바깥쪽 피부, 그리고 그 아래에 있는 진피는 dermis가 되는 거죠. 피하, 피부 아래쪽을 의미할 때는 hypodermic이라고 하기도 해요. hypo—가 아래쪽을 의미하거든요. 그럼 피부과 의사는 뭐라고 할까요? a dermatologist!

- tangible 만질 수 있는, 유형의 • skin 피부 • epidermis 외피 • dermis 내피 • hypodermic 피하의
- dermatologist 피부과 의사

Human Anatomy Basics

인체 해부학 기초

우리의 몸은 여러 부분으로 구성되어 있어요. 어떤 기계나 컴퓨터보다도 더 정확하고 스스로를 보호할 줄 아는 똑똑한 존재이지요. 이번에는 신체내부 기관과 하는 일을 살펴볼까요? 각각의 기관 이름과 기능은 기억해두시는 것이 좋습니다.

Body Systems

Circulatory System 순환계

circle원을 연상시키는 단어 circulatory는 말 그대로 '도는, 순환하는'이란 의미예요. 그래서 Circulatory System하면 우리 몸을 돌며 혈액을 공급하고 순환하도록 해주는 순환계를 말하죠. heart심장에서 blood를 pump하면 arteries동맥을 따라 피가 흘러나와 blood vessel혈관을 따라 몸 전체로 퍼져요. 이렇게 몸을 한 바퀴 돈 혈액은 veins정맥을 타고 심장으로 다시 들어오게 되죠.

- heart 심장 • artery 동맥 • vein 정맥 • pump 펌프로 퍼 올리다 • blood vessel 혈관

Digestive System 소화계

섭취된 음식물은 esophagus식도를 타고 내려가 stomach위에 들어갔다가 소화가 되면 intestine창자로 들어가게 돼요. 이 과정에서 음식물은 nutrients영양분이라고 불리는 작은 입자로 부서지게 되고 nutrients는 혈관을 타고 신체 구석구석에 전달되어 필요한 에너지를 공급하게 된답니다. 그러면 소화계는 남아 있는 소화된 음식물을 배출하도록 해주죠.

- esophagus 식도 • stomach 위 • intestine 창자 • small intestine 소장 • large intestine 대장 • nutrients 영양분

Endocrine System 내분비계

내분비계는 신체 기능에 필요한 물질을 secrete분비하는 glands분비기관으로 이루어져 있어요. glands에는 두 종류가 있는데 하나는 exocrine glands이고 다른 하나는 endocrine glands예요. exocrine은 바깥쪽을 의미하는 ex-가 붙어 신체 내부에서 외부로 나가는 saliva침이나 sweat땀을 만들어내는 것을 말해요. 이렇게 만들어진 땀을 흘리고 배출하는 것을 perspire라고 하죠. 이에 반해 endocrine은 내부, 안쪽을 의미하는 endo-가 붙어 신체 내부로 작용하는 화학물질인 hormones호르몬을 만들어 내는 것을 말해요. hormones는 성장 등에 관련된 신체의 주요 기능을 컨트롤합니다.

- glands 분비기관, 선腺 • secrete (호르몬 등을) 분비하다, 배출하다 • exocrine 외분비의 • endocrine 내분비의
- saliva 침, 타액 • sweat 땀 • hormone 호르몬 • perspire 땀을 흘리다, 발산시키다

Respiratory System 호흡계

respire는 '호흡하다'라는 뜻이에요. 그러니 Respiratory System은 호흡계를 의미하죠. 공기는 코와 입을 통해 들어와 windpipe나 trachea라고 불리는 기관(기관지라고 할 때의 그 호흡관)을 따라 2개의 튜브를 통해 lung폐로 들어갑니다. 이때 공기에 있는 산소가 폐 안에 있는 혈액으로 옮겨가게 되고 순환계를 타고 몸 전체의 세포로 전달되게 되죠.

- respire 호흡하다 • windpipe(or trachea) 기관 • lung 폐

Nervous System 신경계

생각하고, 느끼고, 움직이게 해주는 신경계는 brain뇌, spinal cord척추, nerves신경으로 이루어져 있어요. 척추에 있는 신경에 뇌와 신체 부분 사이의 신호를 전달하고 명령하여 반응하도록 해주죠. 신경계는 3개의 중요한 파트로 나누어 볼 수 있는데, cerebrum대뇌는 생각하고 말하고 보는 것을 통제하고, cerebellum소뇌는 신체적인 움직임을 통제하며, brain stem뇌간은 순환계, 호흡계, 소화계를 통제합니다. cerebral은 자주 사용되는 형용사형으로 '뇌의, 대뇌의'란 의미예요. 대뇌, 소뇌라고 할 때 쓰이는 cereb-도 라틴어로 역시 뇌를 의미해요.

- brain 뇌 • spinal cord 척추 • nerves 신경 • cerebrum 대뇌 • cerebellum 소뇌 • brain stem 뇌간
- cerebral 뇌의, 대뇌의

Muscular System 근육조직계

biceps이두박근, triceps삼두박근이라고 들어 보셨나요? 근육질의 muscular 보디빌더들이 근육을 자랑할 때 보여주는 팔 근육들이지요.muscles근육은 elastic fibers탄성섬유로 이루어져 있어요. 근육은 세 종류가 있는데, skeletal muscles, smooth muscles, cardiac muscles로 나뉘어요. skeletal muscles는 우리가 움직일 때 사용하는 일반적인 근육을 의미하고, smooth muscles는 소화계나 혈관계에 있는 근섬유를 말해요. cardiac muscles는 심장을 의미하는 라틴어 cardi-가 들어갔으니 심장에 있는 근육이죠. skeletal은 skeleton골격, 뼈대에서 유래된 단어로 skeletal muscles 하면 뼈대에 붙어 있는 근육이죠. skeletal system은 내부 장기를 보호하고 근육을 움직이게 하는 시스템으로 ligament인대, tendon힘줄, bone뼈로 이루어져 muscular system의 운동을 도와요. 이 시스템은 우리의 의지대로 움직일 수 있어 voluntary하다고 해요. 그에 반해 smooth나 cardiac muscles는 우리의 뜻대로 움직이는 것이 아니라 반사적이고 자동적으로 움직이는 근육이에요. 소화계의 대장이나 소장이 움직일 때 사용하는 근육이나 심장이 펌프 작용을 할 때 사용하는 근육은 우리가 생각하고 움직이는 것이 아니잖아요. 이런 것은 involuntary하다고 하죠.

- biceps 이두박근 • triceps 삼두박근 • muscle 근육 • elastic 탄성의, 탄력 있는 • fiber 섬유, 섬유조직 • skeletal 골격의
- skeleton 골격, 뼈대 • ligament 인대 • tendon 힘줄 • bone 뼈 • voluntary • 자발적인 smooth 부드러운, 매끄러운
- cardiac 심장의 • involuntary 비자발적인

Reproductive System 생식계

reproduce는 re-(다시) + produce(생산하다)가 결합된 단어로 '자손을 낳다, 새끼를 낳다'라는 의미예요. 인간의 생식은 여자의 egg cell난자와 남자의 sperm정자의 결합으로 이루어지죠.

- reproduce 생식하다, 번식하다 • egg (cell) 난자 • sperm 정자

Urinary System 비뇨기계

비뇨기는 소변을 통해 불필요한 체액을 배출하는 시스템을 말해요. 이때 불순물을 걸러주는 kidney신장을 통하게 되죠. kidney는 마치 콩팥처럼 생겼다고 해서 콩팥이라 불리는데 여기서 유래된 콩 이름이 kidney bean강낭콩이에요. 마치 강낭콩 모양처럼 생긴 2개의 kidney가 우리 몸 속의 노폐물을 걸러주는 거죠.

- urinary 비뇨기 • kidney 신장 • kidney bean 강낭콩

Immune System 면역계

immune은 '면역의, 면역성의'란 의미예요. Immune System은 외부에서 오는 질병의 원인이 되는 것들로부터 신체를 보호해줍니다. 이 시스템상에서 antigen항원, antibody항체 반응이 일어나게 돼요. allergy알레르기는 이 면역시스템이 실수로 인체에 해롭지 않은 물질인데도 싸우려고 항체를 만들어내기 때문에 일어나는 것이랍니다.

- immune 면역의 • antigen 항원 • antibody 항체 • allergy 알레르기 • allergic 알레르기의

The Great Seal of the United States

미국 국새 문장

미국의 국새 문장인 *the Great Seal*은 벤저민 프랭클린과 토머스 제퍼슨의 디자인으로 초안이 만들어졌지만, 최종적으로 승인을 받아 사용되고 있는 현재의 국새 디자인은 이와는 조금 다릅니다.

오늘날의 *the Great Seal* 디자인은 1달러짜리 지폐 뒷면에서도 볼 수 있는데, 지폐 뒷면 왼편에는 국새의 뒤쪽에 있는 피라미드와 눈 그림이, 오른쪽에는 *Seal* 앞쪽에 있는 미국을 상징하는 *bald eagle*흰머리 독수리 그림이 나와 있어요.

이 *Emblem*엠블럼은 미국 정부를 상징할 때 자주 사용되는데, 한번쯤은 보신 적이 있을 거예요. 무슨 의미일까요?

the Great Seal 앞쪽에는 미국을 상징하는 대머리 독수리가 처음 13개 주를 상징하는 흰색과 빨간색 줄무늬와 통합된 congress의회를 상징하는 파란 띠로 된 방패를 들고 있어요. 또, 오른쪽 발톱으로는 평화를 상징하는 올리브 나뭇가지를, 왼쪽 발톱으로는 전쟁을 상징하는 13개의 화살을 쥐고 있죠. 독수리가 물고 있는 노란색 리본에는 E Pluribus Unum, 즉 '여러 개가 모인 하나'라고 쓰여 있어요. 각각의 색깔도 의미하는 바가 따로 있어요. 하얀색은 순수와 순결, 붉은색은 용기와 강건함, 파란색은 경계와 인내, 정의를 의미해요.

front

back

뒷면도 살펴볼까요?

뒷면에는 미완성된 피라미드가 보이는데 이는 힘과 지속성을 의미합니다. 그 위에 있는 눈과 모토Annuit Coeptis는 '신은 우리의 일을 지켜주신다'라는 의미인데, 미국의 국가 성립이 신의 뜻에 따른 것이라는 뜻으로 사용한 거예요. 피라미드 맨 아랫단에 보이는 로마 숫자는 독립기념일 날짜이며, 맨아래쪽 리본에 쓰인 글귀 Novus Ordo Seclorum, 즉 '새 시대의 새로운 질서'라는 것은 1776년 미국이 새로운 시대를 열었다는 것을 의미한답니다. 어렵게 생각할 것 없이 1달러 지폐 뒷면에 나와 있는 그림이니 심심할 때 천천히 한번 살펴보세요.

이왕 공부하는 김에 미국의 money에 대해서도 한번 알아볼까요?

미국의 돈을 만드는 곳은 U.S. Mint입니다. 가끔 analogy 문제에 나와서 우리를 당황시키는 mint는 coin동전을 만드는 동전 제조국을 말해요. 그럼 지폐bill는 어디서 만들까요? 지폐는 BEP(the Bureau of Engraving and Printing: 조폐국 *bureau = department국, 부서, 사무국/engrave새기다)에서 만들어요. 사실 지폐는 종이라기보다는 천에 가까워요. 1달러짜리 지폐는 75%의 cotton면과 25%의 linen린넨으로 만들어지는데, 수명이 22개월 정도라고 하네요.

동전의 종류와 이름은 기본적으로 알아 두는 것이 좋아요. 간혹 Math Section에서 동전의 이름을 사용하여 단순 계산 문제를 출제하기도 하거든요

U.S. Coins 동전

Coin	Value	Portrait (앞면 그림)
cent or penny	1¢	Lincoln
nickel	5¢	Jefferson
dime	10¢	F.D. Roosevelt
quarter	25¢	Washington
half-dollar	50¢	J.F. Kennedy
dollar	$1	Sacagawea & her baby

U.S. Paper Money 지폐

Bill	Portrait (앞면 그림)	Design on back (뒷면 그림)
$1	George Washington	the Great Seal
$2	Thomas Jefferson	Signing of the Declaration of Independence
$5	Abraham Lincoln	Lincoln Memorial
$10	Alexander Hamilton	U.S. Treasury Building
$20	Andrew Jackson	White House
$50	Ulysses Grant	U.S. Capitol
$100	Benjamin Franklin	Independence Hall in Philadelphia, Pennsylvania

SSAT Knowledge Vault 10

Musical Instruments

악기

musical instruments악기는 그룹 지어 나눠볼 수 있어요

String 현악기

현을 사용하여 소리를 내는 악기를 말해요. 소리를 낼 때는 bow활을 이용하거나, pluck현을 손으로 뜯어 소리를 내죠.

- 종류 : violin 바이올린, viola 비올라, cello 첼로, harp 하프, lute 류트, fiddle (작은) 바이올린, banjo 밴조

Brass 금관악기

금속을 이용해 만든 악기로 입으로 불어서 소리를 냅니다. 이를 위해 입술과 혀가 닿는 부분에 mouthpiece란 것을 끼워서 사용해요.

- 종류 : trumpet 트럼펫, trombone 트롬본, tuba 튜바, cornet 코넷, bugle (군대)나팔

Woodwind 목관악기

금관악기와 마찬가지로 불어서 소리를 내는 악기예요.

- 종류 : clarinet 클라리넷, bassoon 바순, oboe 오보에, flute 플루트

Percussion 타악기

두드려서 소리를 내는 악기를 말해요.

- 종류 : drum 드럼, cymbals 심벌즈, xylophone 실로폰

■ 그 외에 더 자세히 기억해 두면 좋은 악기 이름들

harpsichord 하프시코드 (16~18세기의 건반악기로 피아노의 이전 형태)
cornet 코넷 (트럼펫과 비슷하게 생긴 19세기 중엽의 금관악기)
lute 류트 (guitar 비슷한 14~17세기의 현악기)
dulcimer 덜시머 (사다리꼴의 현이 달린 타현악기의 일종)
ukulele 우쿨렐레 (작은 기타 모양의 4현 악기)

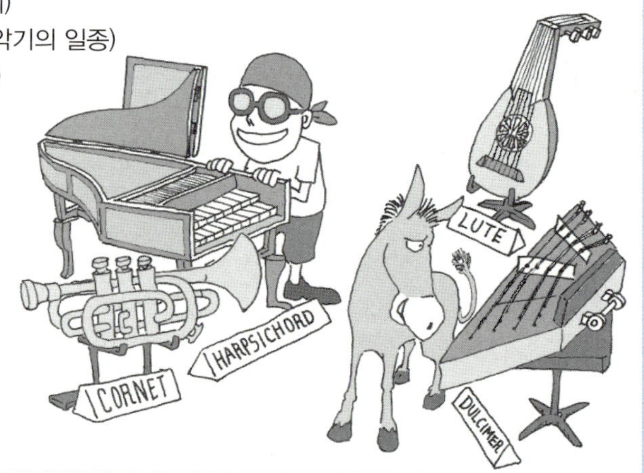

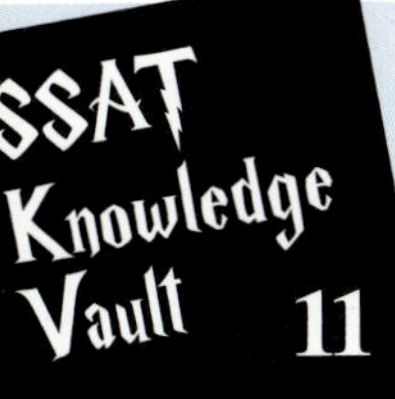

The Color Wheel

색상환

wheel은 수레바퀴 같은 바퀴나 둥근 고리를 말합니다. 둥근고리 모양의 색상환을 통해 우리는 빨강, 노랑, 파랑의 primary color원색과 주황, 녹색, 보라로 나타나는 secondary color원색을 두 가지씩 섞은 색, 그리고 primary와 secondary 사이에 존재하는 intermediate color중간색을 알 수 있어요.

색깔에 관련된 단어로는 hue, tint, shade 등도 있어요. hue는 color의 다른 말이고, tint는 하얀색을 섞어 만드는 약한 색을 말해요. pink는 red의 tint가 되는 거죠. 그런가 하면 검은색을 섞어 만드는 shade도 있습니다. maroon밤색은 red의 shade죠.

빨간색과 녹색은 보색관계라고 하죠? 둘이 있으면 대조가 선명해 눈에 더 잘 띄기 때문이에요. 이것을 서로 보완해 주는 색이라는 의미로 complementary color라고 합니다. 이 외에도 pigment는 염료, monochrome은 mono(한 가지) + chrome(색)이라는 것과, chromosome은 염색체라는 것 등도 같이 기억해두세요.

- primary 주된   • secondary 이차적인, 부차적인   • intermediate 중간의   • hue 색채
- tint 연한 빛깔   • shade 어두운 빛깔
- complementary 보완하는   • pigment 염료   • monochrome 단색, 무채색   • chromosome 염색체

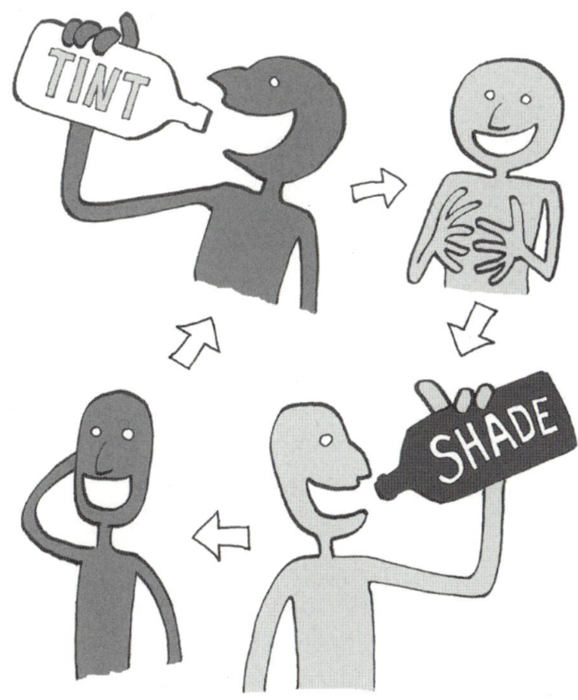

Biblical Figures Common on the SSAT

성경 속 주요 인물과 핵심 에피소드

성경에는 수많은 인물이 등장하며, 각자의 삶 속에서 중요한 교훈을 남겼어요. 믿음, 순종, 용기, 지혜, 용서 등 우리가 배울 수 있는 이야기들이 가득하죠.

지금부터 가장 유명하면서도 시험에 자주 나오는 성경 속 인물들과 그들의 에피소드를 함께 살펴볼까요?

카인(Cain)과 아벨(Abel) – 첫 번째 인간이자 살인자 (Genesis 4)

"질투는 죄를 부른다."

하나님이 만드신 아담과 하와의 두 아들, 카인과 아벨은 하나님께 제사를 드렸어요. 아벨은 최상의 양을 바쳤고, 카인은 땅의 소산을 바쳤죠. 그런데 하나님은 아벨의 제사는 받으시고, 카인의 제사는 받지 않으셨어요. 이에 질투심에 휩싸인 카인은 동생 아벨을 들판으로 유인해 죽이고 말았어요. 하나님이 카인에게 "네 동생 아벨이 어디 있느냐?"라고 물으셨을 때, 카인은 "내가 내 아우를 지키는 자니이까?"라고 답하며 죄를 숨기려 했죠. 하지만 하나님은 모든 것을 아셨고, 카인은 평생 떠돌아다니는 형벌을 받았어요.

모세(Moses)와 아론(Aaron) – Exodus의 기적 (Exodus 3 – 14)

"바로에게 가서 말하라! 내 백성을 보내라!"

이스라엘 백성들은 이집트에서 오랜 세월 동안 노예 생활을 했어요. 하나님은 모세를 선택해 그들을 해방시키려 하셨죠. 하지만 모세는 말이 어눌해 두려워했고, 하나님은 그의 형 아론을 함께 보내어 바로(이집트 왕)에게 이스라엘 백성을 보내라고 명령하라고 하셨어요. 그러나 바로는 쉽게 보내주지 않았어요. 그래서 하나님은 10가지 재앙(피로 변한 나일강, 개구리, 이, 파리, 가축 전염병, 악성 종기, 우박, 메뚜기, 흑암, 장자의 죽음)을 내리셨어요. 결국 마지막 재앙으로 바로가 굴복했고, 이스라엘 백성들은 출애굽(Exodus, 탈출)하게 되었어요. 그런데 바로는 마음을 바꿔 이스라엘 백성을 쫓아왔고, 홍해 앞에서 절체절명의 위기에 처했죠. 그때, 모세가 지팡이를 들자 홍해가 갈라졌고, 백성들은 마른 땅을 걸어 건넜어요! 하지만 이집트 군대가 따라오자, 물이 다시 덮이며 그들은 전멸했어요.

솔로몬(Solomon) – 가장 지혜로운 왕 (1 Kings 3)

"진짜 어머니는 누구인가?"

다윗의 아들 솔로몬은 성경에서 가장 지혜로운 왕으로 유명해요. 하나님은 그에게 "네가 원하는 것을 구하라"고 하셨고, 솔로몬은 부나 권력이 아니라 지혜를 구했어요. 그의 유명한 이야기 중 하나는 두 여인이 한 아기를 두고 서로 자기 자식이라고 주장한 사건이에요. 솔로몬은 칼로 아이를 나누자고 했고, 진짜 어머니가 눈물을 흘리며 아이를 포기하자, 솔로몬은 그녀가 진짜 어머니라는 것을 알아챘죠!

선한 사마리아인(Good Samaritan) - 참된 이웃 (Luke 10)

"그를 돌본 사람이 바로 나였어요!"

어떤 사람이 강도를 만나 길에 쓰러져 있었어요. 제사장과 레위인이 지나가면서도 그를 외면했지만, 한 사마리아인은 멈춰 서서 그의 상처를 치료하고 여관으로 데려가 보살폈어요. 그는 필요한 비용까지 지불하며 끝까지 책임졌어요. 유대인들이 멸시하던 사마리아인이 가장 큰 선행을 베풀었다는 점을 통해, 진정한 이웃은 신분이나 배경이 아니라, 도움을 필요로 하는 사람에게 자비를 베푸는 사람이라는 것이 이 이야기의 핵심이에요.

탕자의 비유(Prodigal Son) - 돌아온 아들 (Luke 15)

"아버지, 저는 다시 돌아왔어요!"

한 부잣집 아들이 있었습니다. 그는 자신의 유산을 미리 달라 하여 받고 떠났지만, 모든 돈을 낭비하고 거지가 되었어요. 결국, 그는 집으로 돌아가 아버지께 용서를 구하려 했지만, 아버지는 이미 그를 용서하고 기쁨으로 맞아주었어요.

다윗(David) - 골리앗(Goliath) - 골리앗을 무찌른 소년 (1 Samuel 17)

"네가 나를 이길 수 있을 것 같으냐?"

이스라엘이 블레셋 군대와 싸울 때, 적군의 거인 장수 골리앗이 나타나 모두를 두려움에 떨게 했어요. 그런데 어린 목동 다윗이 작은 물맷돌 하나로 골리앗을 쓰러뜨렸죠! 이후 다윗은 이스라엘의 왕이 되었고, "하나님의 마음에 합한 사람"이라는 칭호를 받았어요.

삼손(Samson) 과 데릴라(Delilah) - 초인적인 힘을 가진영웅 (Judges 13 - 16)

"나의 힘은 머리카락에 있다!"

삼손(Samson)은 나실인(하나님께 서원한 사람)으로 태어나, 하나님께서 주신 초인적인 힘을 가지고 있었어요. 그는 이스라엘을 괴롭히던 블레셋 사람들과 싸웠고, 맨손으로 사자를 찢거나, 나귀의 턱뼈로 수백 명을 물리치는 엄청난 힘을 가졌죠. 하지만 그는 블레셋 여인인 데릴라(Delilah)에게 속아 머리카락이 잘리면서 힘을 잃었고, 결국 블레셋 사람들에게 붙잡혀 눈이 뽑히고 감옥에 갇혔어요. 그러나 삼손은 마지막 순간 하나님께 힘을 다시 달라고 기도했고, 블레셋 사람들이 모인 신전 기둥을 부수며 함께 최후를 맞이했어요.

예수 그리스도 (Jesus Christ) - 십자가와 부활
(The four Gospels in the New Testament—Matthew, Mark, Luke, and John)

"나는 길이요 진리요 생명이다."

예수님은 성경의 중심 인물로 하나님의 아들이시죠. 그는 수많은 기적을 행하고, 병자를 고치며, 사랑과 용서를 가르치셨죠. 하지만 종교 지도자들은 예수님을 십자가에 못 박았고, 그는 인류의 죄를 대신 짊어지고 죽으셨어요. 그러나 3일 후, 예수님은 죽음을 이기고 부활하셨고, 이는 기독교 신앙의 핵심이 되었어요.

성경 속 인물들의 이야기는 오래전부터 문학에서 자주 쓰이는 소재이자 비유의 모티브가 되어 왔어요. 각 인물이 가진 상징과 이야기를 알고 있다면, 유명한 갤러리에 가도 덜 지루할 거예요. 성경 속 인물을 주제로 한 작품들이 정말 많거든요. 그리고 문학, 예술, 영화에서 더 깊이 있는 의미를 읽어내는 안목도 생길 거예요. *God is Love.* 하나님의 크신 사랑이 여러분과 함께 하시길.

Answer Key

Synonyms Quiz

Quiz 1

1. (B) shapeless
2. (A) atypical
3. (B) flee
4. (D) kidnap
5. (A) sharp

Quiz 2

1. (E) contradictory
2. (A) enduring
3. (C) supporter
4. (C) uncertain
5. (A) soothe

Quiz 3

1. (B) spirited
2. (D) benefactor
3. (A) united
4. (D) generous
5. (B) hostility

Quiz 4

1. (A) obsolete
2. (C) opponent
3. (D) doubtful
4. (A) fore
5. (B) opposite

Quiz 5

1. (A) helpful
2. (B) charitable
3. (A) insurgent
4. (B) blessing
5. (B) hostile

Quiz 6

1. (D) spell
2. (E) initial
3. (A) retract
4. (B) vulnerable
5. (C) noticeable

Quiz 7

1. (E) simultaneous
2. (C) surrender
3. (A) meat-eating
4. (A) persistent
5. (B) embodiment

Quiz 8

1. (D) admit
2. (B) idiosyncratic
3. (C) unparalleled
4. (A) retreat
5. (A) predecessor

Quiz 9

1. (E) disguised
2. (D) gullible
3. (C) perfunctory
4. (C) doctrine
5. (A) rambling

Quiz 10

1. (B) cautious
2. (C) downpour
3. (C) brief
4. (A) sharp
5. (C) cause

Quiz 11

1. (A) hermit
2. (D) cooperate
3. (B) smuggling
4. (B) decipher
5. (C) transgress

Quiz 12

1. (A) agreement
2. (A) conflict
3. (D) integrate
4. (A) obese
5. (E) sincere

Quiz 13

1. (B) compliant
2. (D) tenet
3. (C) record
4. (A) transparent
5. (E) contradiction

Quiz 14

1. (D) authority
2. (A) home
3. (D) disperse
4. (C) renounce
5. (A) decree

Quiz 15

1. (D) vague
2. (B) balance
3. (A) fair
4. (C) paragon
5. (A) equal

Quiz 16

1. (C) harmony
2. (E) banish
3. (A) varied
4. (D) obliterate
5. (A) praise

Quiz 17

1. (C) easy
2. (B) inadequate
3. (C) fertile
4. (E) bubbly
5. (A) respectful

Quiz 18

1. (A) treachery
2. (E) loyalty
3. (C) metaphorical
4. (A) fabrication
5. (D) culmination

Quiz 19

1. (C) breach
2. (B) trickery
3. (D) comply
4. (E) piece
5. (A) maverick

Quiz 20

1. (E) superficial
2. (B) abundant
3. (C) accomplish
4. (B) unnecessary
5. (D) breakdown

Quiz 21

1. (E) refined
2. (E) upper class
3. (A) inventive
4. (E) authentic
5. (A) native

Quiz 22

1. (C) free
2. (A) retreat
3. (C) exit
4. (A) vivid
5. (B) violate

Quiz 23

1. (A) arid
2. (D) exaggeration
3. (B) occupy
4. (C) chronic
5. (D) pretending

Quiz 24

1. (A) respect
2. (B) logical
3. (C) kindness
4. (A) similar
5. (B) stick

Synonyms Quiz

Quiz 25
1. (D) interfere
2. (E) sensible
3. (D) revitalize
4. (A) lie
5. (D) junction

Quiz 26
1. (A) garrulous
2. (D) articulate
3. (D) informal
4. (E) timepiece
5. (C) ailment

Quiz 27
1. (C) enlarge
2. (B) splendid
3. (C) control
4. (C) emancipate
5. (E) size

Quiz 28
1. (D) deceive
2. (C) sporadic
3. (E) transformation
4. (A) negligent
5. (A) embezzle

Quiz 29
1. (C) humiliate
2. (B) mortuary
3. (D) dying
4. (A) unchangeable
5. (D) transform

Quiz 30
1. (B) beginner
2. (A) nameless
3. (E) alias
4. (B) terminology
5. (A) new

Quiz 31
1. (B) repugnant
2. (A) ubiquitous
3. (C) goal
4. (B) domineering
5. (A) almighty

Quiz 32
1. (B) indifference
2. (A) fear of water
3. (C) compassion
4. (A) pervasive
5. (E) fear of height

Quiz 33
1. (C) contemplate
2. (A) supreme
3. (E) imminent
4. (E) impoverished
5. (E) contemplative

Quiz 34
1. (C) mobile
2. (D) itinerant
3. (A) affinity
4. (B) hasten
5. (A) disquiet

Quiz 35
1. (C) power
2. (E) clear
3. (C) postmortem
4. (B) foreboding
5. (E) involve

Quiz 36
1. (A) misgiving
2. (E) potential
3. (E) understandable
4. (E) introduction
5. (C) prudent

Quiz 37

1. (B) resolve
2. (B) withdraw
3. (C) reminiscence
4. (E) revenge
5. (D) disparaging

Quiz 38

1. (C) wise
2. (D) scrupulous
3. (B) replace
4. (A) stationary
5. (E) evaluate

Quiz 39

1. (C) attitude
2. (A) conjecture
3. (B) prominent
4. (E) contemptible
5. (C) engrave

Quiz 40

1. (C) sink
2. (A) artificial
3. (C) glut
4. (B) servile
5. (E) overlay

Quiz 41

1. (C) implicit
2. (E) reserved
3. (C) infinite
4. (A) relocate
5. (C) surpass

Quiz 42

1. (E) withdraw
2. (C) docile
3. (B) extend
4. (C) poisonous
5. (B) drunken

Quiz 43

1. (B) belong
2. (E) misrepresent
3. (A) persistent
4. (B) blackmail
5. (E) acquire

Quiz 44

1. (E) emphasize
2. (A) singular
3. (B) take out
4. (E) omnipresent
5. (A) weaken

Quiz 45

1. (A) entertain
2. (E) confirm
3. (C) corrupt
4. (E) careless
5. (A) adaptable

Quiz 46

1. (C) strengthen
2. (A) face
3. (C) essential
4. (B) energetic
5. (A) poisonous

Quiz 47

1. (A) clamorous
2. (A) justify
3. (B) ravenous
4. (E) insignificant
5. (A) instigator

Chapter Answer Key

Chapter 1

1. (C) ballerina is to tutu
2. (D) crime is to accomplice
3. (A) peddler is to vend
4. (E) fuselage is to crew
5. (D) quack is to doctor

Chapter 2

1. (E) curtain is to privacy
2. (B) humidifier is to moisturize
3. (A) cane is to walk
4. (D) telephone is to communication
5. (B) mirror is to reflect
6. (E) compass is to navigating
7. (A) drill is to boring
8. (E) buffer is to polishing
9. (B) splint is to movement
10. (E) scaffold is to construction

Chapter 3

1. (A) skim is to peruse
2. (C) towering is to tall
3. (E) memorandum is to dissertation
4. (B) whisper is to bellow
5. (A) map is to atlas

Chapter 4

1. (D) dermatologist is to skin
2. (A) chemistry is to alchemy
3. (D) semantics is to meaning
4. (C) sculpture is to form
5. (E) meteorology is to weather

Chapter 5

1. (C) museum is to artifacts
2. (D) closet is to clothes
3. (A) courthouse is to law
4. (B) wallet is to money
5. (E) chicken is to coop
6. (A) archive is to document

7. (C) bureau is to official
8. (E) bowling is to lane
9. (B) theater is to audience
10. (C) soccer is to field

Chapter 6

1. (E) conclusion is to essay
2. (B) clip is to movie
3. (D) lens is to spectacles
4. (E) tunnel is to mine
5. (B) dungeon is to castle
6. (B) baton is to conductor
7. (C) wing is to bird
8. (A) epilogue is to novel
9. (D) window is to drapery
10. (B) shoes is to laces

Chapter 7

1. (E) waltz is to dance
2. (D) bicep is to muscle
3. (E) abacus is to computer
4. (A) hamper is to basket
5. (C) watch is to timepiece
6. (D) fig is to fruit
7. (A) jalopy is to limousine
8. (C) femur is to bone
9. (D) marquee is to entranceway
10. (B) stool is to chair

Chapter 8

1. (A) potato is to skin
2. (C) fur is to sable
3. (D) envelope is to letter
4. (B) brain is to skull
5. (E) tree is to bark
6. (A) pistol is to holster
7. (B) goose is to down
8. (C) banana is to peel
9. (B) housing is to motor
10. (D) ocean is to surface

Chapter 9

1. (E) direction is to compass
2. (B) gauge is to pressure
3. (A) hour is to duration
4. (D) decibel is to sound
5. (B) quart is to volume
6. (C) farmland is to acre
7. (A) sundial is to timekeeping
8. (E) velocity
9. (C) Fahrenheit is to temperature
10. (E) ampere is to current

Chapter 10

1. (B) repertoire is to song
2. (C) wave is to water
3. (C) instrumentalist is to orchestra
4. (D) archipelago is to islands
5. (D) grid is to lines

Chapter 11

1. (E) seed is to plant
2. (D) bird is to avian
3. (E) scent is to skunk
4. (B) elephant is to lumber
5. (B) snake is to hiss

Chapter 12

1. (A) meander is to direction
2. (E) eminence is to lowliness
3. (C) dehydration is to water
4. (D) glib is to profundity
5. (B) condescending is to respect
6. (D) odorless is to scent
7. (D) ineffable is to expression
8. (C) unaware is to attention
9. (A) invaluable is to value
10. (B) reckless is to discretion

Chapter 13

1. (E) opera is to drama
2. (A) essay is to nonfiction
3. (B) blurb is to advertisement
4. (A) anthem is to celebration
5. (E) letter is to note
6. (A) accolade is to recognition
7. (D) epigram is to wit
8. (A) lament is to grief
9. (E) limerick is to humor
10. (B) epitaph is to remembrance

Chapter14

1. (D) grin is too delight
2. (B) flinch is to pain
3. (C) blushed is to embarrassment
4. (A) nod is to approval
5. (A) self-effacing is to modesty
6. (E) flail is to panic
7. (A) writhe is to pain
8. (D) sigh is to relief
9. (C) fidget is to nervousness
10. (E) frown is to aversion

Chapter 15

1. (B) coffee is to bean
2. (A) wood is to paper
3. (D) stone is to masonry
4. (D) candle is to wax
5. (E) bee is to beehive
6. (A) glass is to sand
7. (C) woodwork is to lumber
8. (B) beer is to barley
9. (D) olive is to oil
10. (A) dance is to movement

Chapter 16

1. (B) catalog is to goods
2. (C) agenda is to meeting
3. (E) anthology is to works

4. (A) money is to budget
5. (C) index is to topics

Chapter 17

1. (C) defend is to untenable
2. (C) intangible is to touch
3. (A) unending is to terminate
4. (D) visible is to see
5. (D) foolhardy is to risk

Chapter 18

1. (D) throne is to king
2. (A) license is to permission
3. (C) shackle is to convict
4. (D) laurel is to honor
5. (B) mule is to stubbornness

Chapter 19

1. (D) purify is to contamination
2. (E) snag is to progress
3. (B) debase is to value
4. (B) reap is to rye
5. (E) emend is to fault

Chapter 20

1. (B) ligneous is to wood
2. (D) city is to municipal
3. (C) night is to nocturnal
4. (A) heaven is to celestial
5. (E) tree is to arboreal
6. (A) river is to meandering
7. (B) citadel is to impregnable
8. (D) luminary is to illustrious
9. (A) marriage is to marital
10. (C) fire is to igneous

Chapter 21

1. (A) premature
2. (D) law is to obligation
3. (C) dim is to murky

4. (E) laden is to overloaded
5. (B) hurl is to fling
6. (A) minute is to minuscule
7. (D) corpulent is to obese
8. (C) comely is to charming
9. (E) Machiavellian is to crafty
10. (D) pioneering is to trailblazing

Chapter 22

1. (B) flippant is to grave
2. (A) thorough is to superficial
3. (E) rare
4. (A) scorn is to venerate
5. (E) hyperbole is to understatement
6. (A) robust is to debilitated
7. (A) clean is to jumbled
8. (B) veritable is to fallacious
9. (E) free is to captive
10. (C) benign is to malignant

Chapter 23

1. (E) hunger is to malnutrition
2. (B) spark is to ignition
3. (C) heat is to evaporation
4. (A) wind is to abrasion
5. (B) catalyst is to reaction
6. (A) rain is to flood
7. (C) practicing is to mastery
8. (D) fear is to withdrawal
9. (D) provocation is to retaliation
10. (B) stimulation is to excitement

Chapter 24

1. (D) powerful
2. (E) discipline
3. (A) control
4. (B) physics
5. (C) scalpel is to surgery

10Q Verbal Drills Key

10Q Verbal Drills 1

1. (E) successive
2. (C) hindrance
3. (A) stop
4. (C) complete
5. (E) rough
6. (C) flour
7. (E) money
8. (C) skin
9. (E) devise
10. (B) bird

10Q Verbal Drills 2

1. (B) weaken
2. (E) dominance
3. (B) singular
4. (D) dull
5. (D) shrewd
6. (A) butter
7. (E) lamb
8. (A) architect is to blueprints
9. (B) sheep
10. (B) sentry is to guard

10Q Verbal Drills 3

1. (B) reminiscence
2. (C) cautious
3. (B) diligent
4. (D) envy
5. (B) ornate
6. (B) rainbow
7. (E) mileage
8. (A) sound
9. (E) albino is to pigment
10. (D) iron is to rust

10Q Verbal Drills 4

1. (B) sway
2. (B) amount

3. (E) daring
4. (C) reticent
5. (B) congenial
6. (D) puzzle is to solve
7. (E) moor
8. (A) abolitionist is to bondage
9. (A) bell is to clapper
10. (D) mural is to wall

10Q Verbal Drills 5

1. (E) ambiguous
2. (A) magnificent
3. (D) banal
4. (D) easy
5. (B) splendid
6. (E) book is to paper
7. (A) needle is to sew
8. (D) marble is to quarry
9. (B) rampart is to invasion
10. (A) furor

10Q Verbal Drills 6

1. (B) sly
2. (E) submission
3. (B) insinuation
4. (C) eccentric
5. (D) trek
6. (A) tease
7. (A) exhilarating
8. (A) happiness
9. (D) drop is to liquid
10. (C) laggard is to speedy

10Q Verbal Drills 7

1. (E) abundant
2. (D) vulnerable
3. (B) sociable
4. (C) contain
5. (D) domineering
6. (A) house is to tent
7. (C) stealing

10Q Verbal Drills

8. (B) braggart is to boastful
9. (C) cacophonous is to euphonious
10. (B) text is to abridge

10Q Verbal Drills 8

1. (C) poisonous
2. (A) reject
3. (E) chary
4. (D) quarantine
5. (C) compete
6. (C) artery is to blood
7. (E) hangar is to airplane
8. (E) cell is to organism
9. (D) arid is to water
10. (A) syntax is to sentence

10Q Verbal Drills 9

1. (E) assuage
2. (B) generous
3. (A) aloof
4. (A) surreptitious
5. (A) feign
6. (E) railway is to junction
7. (B) equivocate is to articulate
8. (A) inundation is to rain
9. (C) threadbare is to fabric
10. (A) harpsichord is to piano

10Q Verbal Drills 10

1. (C) strength
2. (B) copious
3. (B) initiate
4. (C) clumsy
5. (C) garrulous
6. (C) hyperbole is to statement
7. (A) disprove is to alibi
8. (C) nudge is to shove
9. (C) chisel is to sculptor
10. (C) hulking is to size

10Q Verbal Drills 11

1. (A) care
2. (E) gluttonous
3. (A) slippery
4. (E) perpetual
5. (B) meticulous
6. (B) elbow is to joint
7. (A) skitter is to run
8. (C) obituary is to article
9. (E) adage is to insightful
10. (A) tactile is to touch

10Q Verbal Drills 12

1. (A) unflagging
2. (D) send
3. (B) residue
4. (B) opposing
5. (C) irritate
6. (A) trot is to gallop
7. (B) hymn is to song
8. (B) skeptical is to dubious
9. (A) buoyancy is to drift
10. (E) sky is to celestial

10Q Verbal Drills 13

1. (C) daring
2. (B) eager
3. (B) surplus
4. (A) obnoxious
5. (A) ward off
6. (C) garment is to alter
7. (B) noxious is to innocuous
8. (B) tranquil is to turbulent
9. (D) embroidery is to needlework
10. (B) cooper is to barrel

10Q Verbal Drills 14

1. (E) immobile
2. (C) substitute

3. (C) hoodwink
4. (B) plight
5. (A) flawless
6. (B) woodwind is to bassoon
7. (D) tile is to mosaic
8. (C) orator is to eloquent
9. (D) debacle is to failure
10. (E) bird is to flock

10Q Verbal Drills 15

1. (E) lie
2. (D) fling
3. (E) speculate
4. (C) incite
5. (A) tactic
6. (C) amnesia is to memory
7. (E) biology is to life
8. (A) lithe is to flexible
9. (C) thesaurus is to word
10. (A) sand is to dune

10Q Verbal Drills 16

1. (C) adjust
2. (D) height
3. (B) commendable
4. (A) belong
5. (D) integrate
6. (A) cauliflower is to vegetable
7. (E) mirage is to hallucination
8. (C) despicable is to blame
9. (B) sumptuous is to meal
10. (C) coronation is to monarch

10Q Verbal Drills 17

1. (C) peep
2. (D) resentment
3. (C) plausible
4. (A) diverse
5. (A) deviation
6. (C) epic is to song
7. (B) mule is to stubbornness

8. (A) pinnacle is to mountain
9. (A) teacher is to faculty
10. (C) accolade is to award

10Q Verbal Drills 18

1. (B) color
2. (A) prodigal
3. (D) dim
4. (E) appoint
5. (B) assemble
6. (A) pane is to window
7. (B) dog is to kennel
8. (B) xenophobia is to strangers
9. (D) dermatologist is to skin
10. (E) binding is to book

10Q Verbal Drills 19

1. (A) refined
2. (A) protest
3. (B) footnote
4. (A) wavering
5. (A) generous
6. (C) leg is to journey
7. (C) callous is to compassionate
8. (B) foot is to length
9. (C) analyst is to data
10. (D) seats is to aisle

10Q Verbal Drills 20

1. (A) repair
2. (A) amusing
3. (B) cursory
4. (A) illustrious
5. (D) involve
6. (D) warlock is to witch
7. (B) song is to medley
8. (B) zealot is to ardent
9. (C) sonnet is to poetry
10. (A) island is to archipelago

10Q Verbal Drills

10Q Verbal Drills 21

1. (C) explanation
2. (A) elite
3. (D) calm
4. (B) force
5. (B) blunt
6. (A) wasp
7. (B) melt is to solid
8. (A) script is to actor
9. (D) lubricant is to friction
10. (B) fire is to extinguish

10Q Verbal Drills 22

1. (C) take apart
2. (A) climax
3. (C) evade
4. (C) tempo
5. (A) connection
6. (B) salad is to garnish
7. (C) lantern is to illumination
8. (C) pessimism is to hope
9. (A) rain is to patter
10. (B) barrier is to passage

10Q Verbal Drills 23

1. (D) prophet
2. (A) take over
3. (B) relapse
4. (A) tactful
5. (E) steadfast
6. (A) reprimand
7. (A) artificial
8. (C) splint is to movement
9. (D) wary is to chary
10. (B) occasion is to milestone

10Q Verbal Drills 24

1. (B) lay on top
2. (C) distressed
3. (B) timid
4. (A) accumulate

5. (C) blend
6. (D) cow
7. (C) crater is to bowl
8. (A) plan is to action
9. (E) lid is to eye
10. (C) helmet

10Q Verbal Drills 25

1. (D) foreboding
2. (A) choice
3. (D) steadfast
4. (B) twirl
5. (A) reject
6. (A) arm
7. (B) bee is to insect
8. (E) whisper is to bellow
9. (C) ukulele is to guitar
10. (A) portrait is to person

10Q Verbal Drills 26

1. (C) concealed
2. (B) quibble
3. (E) dull
4. (D) uproar
5. (C) flagrant
6. (B) net is to string
7. (C) grave is to joking
8. (A) preface is to book
9. (B) balm is to soothe
10. (A) recruiting

10Q Verbal Drills 27

1. (B) infectious
2. (A) stifle
3. (E) enraged
4. (B) confirm
5. (A) languid
6. (E) common is to novelty
7. (D) cookery
8. (D) jaunt is to trip
9. (E) culture

10. (C) introduction is to conclusion

10Q Verbal Drills 28

1. (C) flood
2. (E) command
3. (D) residual
4. (D) haughty
5. (B) deduce
6. (A) butter is to margarine
7. (B) vault is to valuables
8. (A) confidence is to arrogance
9. (E) avarice is to money
10. (C) pirouette is to dancer

10Q Verbal Drills 29

1. (C) clash
2. (B) failure
3. (A) furor
4. (C) lie
5. (A) petition
6. (E) judge is to merit
7. (A) palatable is to delicious
8. (B) blatant
9. (B) spatula is to clay
10. (C) aftermath is to storm

10Q Verbal Drills 30

1. (D) mesmerizing
2. (C) constrained
3. (B) mixture
4. (C) consult
5. (B) lapse
6. (A) prunes are to plums
7. (C) unflappable is to anxious
8. (B) jog is to run
9. (E) myth is to history
10. (B) hyperbole is to understatement

10Q Verbal Drills 31

1. (A) wretched
2. (B) misuse
3. (A) energy
4. (E) charming
5. (A) wily
6. (C) outline is to document
7. (B) premature is to early
8. (D) geriatrics is to elderly
9. (C) truck is to vehicle
10. (A) gamble is to risky

10Q Verbal Drills 32

1. (B) pale
2. (D) frail
3. (E) biased
4. (A) core
5. (C) old-fashioned
6. (C) turtle is to tortoise
7. (D) topic is to digress
8. (C) cane is to walking
9. (D) anesthetic is to sensation
10. (A) enthusiasm is to apathy

10Q Verbal Drills 33

1. (B) barbarian
2. (D) harass
3. (B) foreign
4. (C) misconception
5. (D) clutter
6. (C) yawn is to boredom
7. (B) skin is to fruit
8. (D) excerpt is to book
9. (B) lamp is to illuminate
10. (D) tirade is to reproach

10Q Verbal Drills 34

1. (E) energetic
2. (E) explanation
3. (B) candidate
4. (C) boredom

10Q Verbal Drills

5. (A) dissolve
6. (C) paradigm is to model
7. (C) helpless is to resist
8. (E) discerning is to nuances
9. (B) alumnus is to student
10. (A) splice is to rope

10Q Verbal Drills 35

1. (E) withdraw
2. (D) aplomb
3. (B) abyss
4. (C) pay
5. (D) akin
6. (B) raven is to bird
7. (D) comatose is to consciousness
8. (D) filch is to embezzle
9. (E) taxi is to bus
10. (C) frown is to distrust

10Q Verbal Drills 36

1. (D) boat
2. (B) terrified
3. (C) confine
4. (A) attendants
5. (A) boisterous
6. (C) warm is to scorching
7. (B) closet is to clothes
8. (E) pilot is to cockpit
9. (C) affectation is to behavior
10. (C) remission is to illness

발행일	2025년 6월 20일 초판1쇄
지은이	한세희
감수자	이준, 구영원, 이지은, Phillip Lim
펴낸이	최영민
디자인	이연수

펴낸곳	피앤피북
출판등록	제406–2015–31호
주소	경기도 파주시 신촌로 16
전화	031–8071–0088
Fax	031–942–8688
이메일	hermonh@naver.com

ISBN	979–11–94085–57–7 (14740)
	979–11–94085–56–0 (세트)